自然大发现
系列

果园大发现

（奥）莱奥诺蕾· 盖塞尔布莱希特–塔费尔纳 / 著

（波）卡西娅·桑德尔 / 绘　　樱树丫 / 译

ZHEJIANG UNIVERSITY PRESS
浙江大学出版社

图书在版编目（CIP）数据

自然大发现.果园大发现 /（奥）莱奥诺蕾·盖塞尔布莱希特-塔费尔纳著；樱树丫译；（波）卡西娅·桑德尔绘.— 杭州：浙江大学出版社，2018.1
ISBN 978-7-308-17354-4

Ⅰ.①自… Ⅱ.①莱… ②樱… ③卡… Ⅲ.①科学知识 – 普及读物 Ⅳ.① Z228
中国版本图书馆 CIP 数据核字（2017）第 216163 号

Die Früchte-Detektive
Autorin   Leonore Geißelbrecht-Taferner
Illustratorin   Kasia Sander
Lektorat   Bernhard Schön, Idstein
Satz   art applied-Medienproduktion Hennes Wegmann, Münster
Notensatz   Ja.Ro-Music, Hünstetten
ISBN   978-3-86702-170-8

版权合同登记号　图字 11-2017-346 号

自然大发现：果园大发现

（奥）莱奥诺蕾·盖塞尔布莱希特-塔费尔纳 / 著
（波）卡西娅·桑德尔 / 绘　　樱树丫 / 译

选题策划	平　静
责任编辑	平　静　赵　伟
责任校对	秦　瑕
装帧设计	鹿鸣文化
排　版	杭州兴邦电子印务有限公司
出版发行	浙江大学出版社
	（杭州市天目山路 148 号　邮政编码 310007）
	（网址：http://www.zjupress.com）
印　刷	浙江海虹彩色印务有限公司
开　本	889mm×1194mm　1/16
印　张	8.25
字　数	200 千
版印次	2018 年 1 月第 1 版　2018 年 1 月第 1 次印刷
书　号	ISBN 978-7-308-17354-4
定　价	40.00 元

前　言

　　植物的果实不仅仅只是"水果"或者充当"维生素补给源"，它们更组成了一个色、香、味、形缤纷斑斓的奇妙世界，无时无刻不在丰富着我们的生活。对于儿童来说，气味和口感的获得是他们与这个世界最先发生的联系。我还记得我小时候咬到一个熟透了的梨或者新鲜的草莓时的味道，以及它们的汁水顺着下巴流下来的感觉。我还记得不熟的李子在嘴里留下的苦涩感，长了虫子的树莓的味道，以及我从尼古拉斯袋里拿出橘子后剥开它时它散发的香气，与之伴随的还有因为圣诞节即将来临的雀跃之情。

　　果实总是可以给人带来喜悦，让人心生感激，令人充满惊喜。一年中，不同品种的果实交替成熟，每个时节我们都有收获，有些时候收获可能太过丰富。这本书是如何"使用水果"的方法大全，除此之外也有需要观察、改变、探索、想象、嬉戏、玩耍和令人惊讶的内容。

　　水果总会带给我们许多好处，无论是身体上还是灵魂上。因此，我祝愿所有大侦探和小侦探们在阅读时能有精彩的发现，祝你们在水果的奇妙世界里开始一个有意义的旅程！

莱奥诺蕾·盖塞尔布莱希特-塔费尔纳

导　语

水果的味道、香气还有外形都充满了魅力。孩子们喜欢水果，因为水果可以唤醒他们的感官，开启他们的想象力。本书按照字母顺序，第一章介绍苹果（Apfel），最后一章介绍柑橘(Zirtusfrucht)。从认识果园、露台或阳台上种植的水果开始，沿着向南的方向，再去发现田地、森林、山野里生长的水果，孩子们将一步一步踏上水果的探索之旅。我们每个月都会丰收新的品种，即使在冬天也不会一无所获，因为还有南方水果和水果干在等着大家。

在这本书中，我们将以**"通缉令"**的形式为大家介绍每一种水果的特征。在"通缉令"中，孩子们可以了解到每种植物的能力、属性，以及它们的"技能"，例如它们适应环境的方式、同属植物、起源以及特殊功效、用途或优势等。

通过书中设计的**"活动"**，孩子们可以全方位地去认识这些特征，通过一些实验或游戏，自己去发现并且更加深入地去理解这些特征。

在每个章节中还提供了例如食谱、故事、顺口溜或者歌曲等可以让孩子们用来练习**"手工或表现能力"**的材料。

每章的结尾提供了如何打理果园的**"建议和技巧"**，可以从中获得有关在果园、露台或阳台种植水果的实用信息。

本书结构的思路是先引导孩子们发现认识自己房子周围常见的水果，慢慢再继续扩大探索的范围。最后一章的"果篮"将汇总本书所介绍的全部水果。

每章开头的"通缉令"可以使读者详细地了解和认识水果及其植物在没有结果时的状态。

然后继续探索之旅：每章会通过"贴士"来介绍水果的典型特征以及有趣的特长，这些话题可以与孩子们共同讨论。

以此为基础，将延伸出多种形式的"活动"，孩子们可以通过这些"活动"将他们所学到的新知识以实验、游戏、表演、烹饪、手工制作等不同形式运用到实践当中，具体选择哪一种形式以及其顺序则由读者自行决定。或者，也可以把不同章节的"活动"项目汇总到一个主题下面，例如：

- 童话般的水果世界：草莓小矮人，在霍勒大妈家作客，黑刺李花的法术，野蔷薇果的王国。
- 用水果扮演的动物和手工制作：扮成小鸡的猕猴桃、扮成小老鼠的桃子、扮成鹰的梨、扮成小鸟的野蔷薇花、扮成母鸡的接骨木花。
- 水果墨汁：葡萄紫颜料、魔法墨水、"浆果"颜料游戏、大理石冰淇淋、荆棘汁墨水、榨汁机等。
- 水果带来的不一样的乐趣：有趣的梨、香蕉船、喷汁运动员、捏李子比赛、苹果小人儿等。

关于在自己的果园种植水果的建议和技巧非常易学，对于完全不懂的门外汉来说也简单易懂。事实上，要种植水果不一定非得需要一个大果园，一个阳台或者一个露台就够了。

目 录

果园里的水果

果园是甜食爱好者和吃货们的天堂，同时也有赏心悦目的景色：春天，白色和黄色的小花朵交相呼应，晚上与晴朗的夜空形成一幅美妙的场景；秋天，每种植物都拥有它们自己独特的色调。草地上间隔种植的不同种类的果树，不仅颇具美感，而且从生态意义上来说也有很大的益处。以前，这样的果园几乎可以在每个村庄周围都可以见到。

苹果——
金色与和平

    每种水果都有它成熟的时节，那时人们就必须要把它从树上摘下了，苹果尤其是这样。也许超市货架上淡而无味的苹果在口感上根本无法同被称作"第一份爱"的早捷品种相比。这种苹果被采摘时恰恰是处于其成熟的最佳时间，口感既不会太酸又不会太面。又比如，以产地命名的格文施泰因苹果就是在秋日暖阳下的树上突然被发现的，咬下去的第一口，它那汁液就顺着下巴流下来了。这种"黄金苹果"虽然不会像格林童话中所描述的那样，吃了可以让人长生不老，但确实可以使人全身心地感受到无穷的乐趣！

通缉令

苹果
蔷薇家族

何处可以找到？
野生品种可以在田地里找到，果园里为栽培品种。

枝干：灰色，圆柱形，老树的树皮会脱落。
叶子：椭圆形，背面长有短柔毛。
花：伞状花序，花瓣有五片，为白色或粉色，需蜜蜂异花授粉。
果实：为假果，果心有五室，内有深褐色的种子（即苹果核）。

有何特别之处？
- 苹果树可分为三种：栽培品种、野化种植品种及野生品种（欧洲野苹果）。
- 欧洲野苹果为灌木植物，多刺，果实酸涩、发苦，筋络状果肉，果核有毒。
- 假果：多汁的果肉并不是由子房发育而成的。只有果心是由胚囊发育而成的，这个部分才是真正的果实。
- 栽培品种的果核含有毒素氢氰酸，但是含量极少，可以放心食用。

	四月	五月	六月	七月	八月	九月	十月	十一月	十二月
花 期									
果实期									

黄金苹果

很久以前，苹果是很昂贵的水果。在第一次奥林匹克运动会上，苹果被作为奖品颁发给获胜者，这在今天简直无法想象。在很多民间童话中都曾经出现过"金苹果"这一典故。据说，吃了这种苹果的人可以长生不老。被称作"阿瓦隆"的苹果岛，是一个神秘的地方，那里是另一个世界，人类和神灵们可以永远幸福地生活。一百年前，苹果往往是圣诞节的仅有的美食，也是唯一用于装饰圣诞树的水果，这需要外表透红鲜亮的苹果。人们会将苹果表面无光泽的蜡层用布擦去，这样苹果就拥有闪耀的光泽啦。"偷苹果贼""偷苹果裤子"这样的概念估计现在再也没有人会知道了，如今谁还会偷苹果呢？十四世纪时，偷苹果的行为会被严厉惩罚。"偷苹果裤子"与骑马裤的样子差不多，非常紧身，还带有护膝，穿着它可以方便地去做翻篱笆爬树这种事情。

公告

致想偷我苹果和梨的伟大少年们，我想在此诚挚地恳请你们，偷的时候请尽量不要踩踏我地里的根苗和豆子。

玩游戏

苹果奥运会

年龄： 4岁以上
材料： 苹果若干、亮纸（金色、银色、铜色）、毛衣针、线轴、绳子、小刀、木棒、计时器

1. **缠苹果：** 每个孩子拿一个苹果，将其用毛衣针串起。将一根绳子系在毛衣针两头，另一条绳子与线轴连接。孩子们用的绳子长度要相同。然后，在桌子上绘制起跑线和终点线。

比赛开始，孩子们转动线轴，使苹果上的绳子缠绕在线轴上，苹果就会跟着向终点滚动。比赛过程中禁止用拖拽的方式使苹果移动。哪个苹果跑得最快呢？

2. **推苹果：** 设置同样的起跑线和终点线。孩子们拿着苹果跪在起跑线后面，听到"预备开始"的口令后，他们应以最快速度用自己的鼻子将苹果顶出去。

3. **咬苹果：** 每个孩子分一个苹果，将苹果挂在树上或者门框上，垂下来的高度大概到孩子脸部的位置。孩子们将手背在身后，听到"开始"的口令后，努力用牙去咬苹果。将苹果最快吃完的孩子获胜。谁会是第一名呢？

4. **拼苹果：** 孩子们用小刀将自己的苹果切成上下两部分，所有的苹果顶和苹果底分别放置，将配对打乱，只有切口可以完全吻合的可以配对成功。听到"开始"的口令后，每个孩子可以分别选择一个苹果顶和苹果底，可以

与其他伙伴交换，最终率先拼凑出一个完整苹果的孩子获胜。谁会是最快的呢？

5. **转苹果**：孩子们将苹果切成陀螺形状。用一根细木棒代替苹果把，转动木棒使苹果旋转起来。谁的陀螺转得最久呢？

苹果灯笼

点亮时还能闻到苹果的果香！就像是圣诞节的味道！

年龄：5岁以上

材料：大苹果、小刀、小勺子、肉桂棒、丁香花干、蜡烛、火柴

将苹果把及顶部和底部挖出，小心地将苹果掏空。在苹果外部刻出窗口，可以将肉桂棒或者丁香花干作为窗棂装饰其中。将一个蜡烛从底部插入，点燃。

偷苹果的贼

这个偷苹果的贼挂在树上不敢下来了，那么就让他在树上待着一直到晒成干吧！

年龄：3岁以上（在大人的协助下）

材料：光滑无瑕的大苹果和小苹果各一个、小刀、丁香花干、铁丝（可以弯曲的）、布条、胶水、水彩笔

将大苹果做成一个脑袋的形状，取两颗丁香花干嵌在上面作眼睛。将其放在暖气周围，大约需要一个月的时间，待其烘干。在这期间，这个苹果的样子会明显地发生改变，逐渐变成一个干瘪的脑袋。从小苹果中切割出两个小"拳头"，同样需要一个月的烘干期。将铁丝弯成一个有双手和双脚的身体形状，并且用布条将其缠裹，用胶水将布条粘好。将脑袋和拳头粘在或插在身体上，固定好。然后在头上画好五官，并且可以再给它粘上一些头发（例如，用染好色的羊毛）。

用苹果做手工

苹果眼睛、苹果刺球、苹果小马、苹果虫子、苹果鼻……

年龄： 4 岁以上

材料： 不同大小的苹果（熟透的）若干、牙签、木棒、葡萄、地藓或羊毛、种子（例如向日葵的）、小刀、木板

苹果眼睛： 在苹果上挖出眼睛大小的洞，在其中放置葡萄作为"瞳孔"，可用牙签固定。

苹果刺球： 在苹果全身插满牙签。

苹果小马： 将三个大苹果用木棒穿在一起，组成小马的身体部分。再在上面装上四根木棒，当作马腿。将三个稍小一点的苹果穿在一起，组成马的脖子和马的脑袋。马的鬃毛和尾巴可以用地藓或羊毛来充当，马的眼睛、耳朵和鼻孔则可以用植物种子来做。也可以再做个苹果"骑士"放在马背上。

苹果虫子： 将几个差不多大的苹果每个切去一侧，组成虫子身体。用一整个苹果作为虫子的头部，苹果把的部分当作虫子嘴，将葡萄做的眼睛用牙签固定在上面。

苹果玫瑰： 用来做苹果虫子的切好的苹果改装成玫瑰花的形状。

拓展： 可以将孩子分组，每组用苹果制作不同的东西，另外一组的孩子来猜这是什么。

手指游戏

这里有一棵美丽的苹果树，
（举起手）
上面的苹果美丽夺目，
有个坏人要去偷走它们。
（另一只手沿着手臂往上爬）
啊，第一个是酸的！
啊，第二个是烂的！
啊，第三个上面有蜜蜂，被蜇了！
啊，第四个里面有虫子！
呃，呃，第五个虽然个头小，但是口感却不错。
（模仿呕嘴的声音）
忽然之间狂风大作，
苹果树开始左摇右晃，
苹果和小偷也跟着摇晃，
可恶的小偷终于狠狠地跌落到地上。

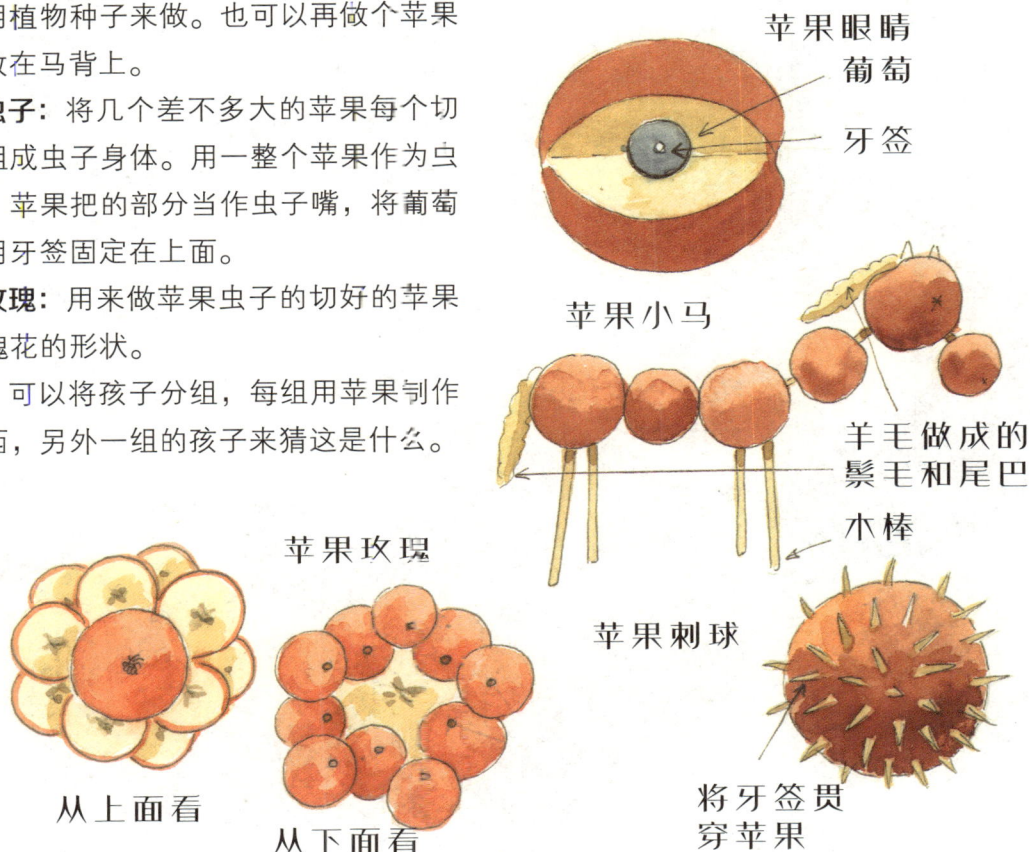

苹果眼睛
葡萄
牙签

苹果小马

羊毛做成的鬃毛和尾巴
木棒

苹果刺球

将牙签贯穿苹果

苹果玫瑰

从上面看

从下面看

试一试

爱与和平之果

自己亲手用苹果制作一个小礼物！如果你收到了别人制作的带有他的名字或爱心的苹果，就代表你赢得了他对你的爱哦！汉语里，"苹果"的"苹"与"平"字同音，因此"苹果"也有平安、和平之意，把苹果作为礼物也有"平安与你相伴"的美好寓意。

年龄：5岁以上

材料：苹果树、剪刀、不透明塑料贴纸

提示：最好是选用已经熟透了的色泽红亮的苹果。

夏天的时候，将不同形状的贴纸（例如心形、彼此名字的首字母）贴在苹果被阳光照射的那一面。随着苹果发育成熟，苹果的其他部分都变成了红色，而被贴纸覆盖的区域几乎没有变色。

红睑颊

苹果最健康的部分其实就是苹果皮，因为苹果皮中的维生素C的含量比果肉高很多。

许多苹果都有苹果腮，也就是通红的脸颊。这个种类的苹果会在太阳照射时产生红色素，以抵御光线的刺激。如果没有这样的自我保护措施，果实上就会生出褐色的斑点，并且开始慢慢腐烂。而绿色或黄色的苹果，则是本身就对太阳光线不敏感的品种。它们不具备红苹果品种的高含糖量和高脂肪含量，而这也正是红苹果品种口感出众并且对光线更为敏感的主要原因。

采摘成熟的苹果时，以"扭拽"的方式从树枝上摘下很容易弄伤苹果。以"折断"的方式摘下的苹果，不会连带果枝一起扯下。

苹果收获后在贮藏的过程中会继续成熟。淀粉会被分解为糖，苹果会变得更甜。在贮藏后成熟的过程中，苹果会释放气态的植物激素乙烯。因此，与苹果放在一起的香蕉等水果会熟得更快，而蔬菜则会加速枯萎。

看一看&尝一尝

哪个苹果赢了

年龄： 4 岁以上
道具： 每个品种各三个苹果、盘子、笔

每个品种留下一个完整的苹果，其余的切成片。相同品种的苹果放在同一个盘子口，并在底部标好编号和品种名称。

将苹果分发下去让大家进行观察品尝，并且依据以下标准打分：

- 哪一种是最漂亮的？
- 哪一种是最好吃的？

尝一尝

"土苹果"

简单易做：将苹果嵌进像泥土一样松软的面团上，使它们看起来就像是长在土里的"土豆"一样。

年龄： 3 岁以上（在大人的协助下）

配料： 6～8 个小苹果。制作面团需要：160 克黄油、200 克面粉、80 克糖、1 个鸡蛋、80 克椰丝、80 克搅拌好了的巧克力、肉桂粉、去核器

把黄油切成小块，与其他配料混合揉成一团（最好用电动料理机）。把整个苹果剥皮去核，裹上肉桂粉。把面团均匀包在苹果外面，放在烤箱中烤制约 40 分钟。

玩游戏

苹果小人儿

年龄： 3 岁以上

配料： 果园（至少有一颗苹果树，及一些掉落在地上的果子。）

一个孩子躺下，将四肢平摊，背部贴在草坪上。其他的孩子沿着他四肢及身体的轮廓将苹果紧密排列。用苹果沿轮廓全部摆满后，被围在中间的孩子小心地站起来：苹果小人儿就完成啦！也可以让好几个孩子手拉手躺下，以同样的方式轻松制作多个苹果小人儿。

开始制作之前和完成之后记得要照相留念哦！

全部吞掉！

　　苹果是很多动物的食物，但是它们吃苹果的方式各有不同。有的甚至将苹果核和苹果把一起吃掉，有的只是优雅地将苹果外面的果肉吃掉，还有一些只吃苹果的一边。还有更特别的，直接吃还结在树上的苹果！外形最亮丽的苹果内部往往有虫子，这就是我们说的"金玉其外，败絮其中"。这里的虫子其实是苹果蛾的幼虫（一种非常小的，肉眼不易发现的夜间飞蛾）。它会在早春时把卵产在刚开始生长的果实上，卵发育成的幼虫开始咬食果肉，慢慢地钻进果实内部，最后将果核也吃掉，并在果实中留下一条条"通道"。苹果完全成熟前，它们会从内向外咬食果肉，直至钻出果实，沿着它们分泌的丝，慢慢地从树上爬下，然后在树皮下面再建一个虫穴来过冬。

玩游戏

苹果皮螺旋卷

一次玩两个游戏！
年龄： 5岁以上
材料： 苹果、苹果皮

比赛游戏： 谁削的苹果皮螺旋卷最长呢？
预言游戏： 把螺旋卷状的苹果皮越过肩膀向自己身后扔，苹果皮落在地上后形成的形状会被看成一个英文字母，而以这个英文字母开头的单词可以用来预测解读未来的事情。

贴士： 剩下的苹果皮可以用来制作美味的苹果茶哦！

玩游戏

是谁干的

年龄： 5岁以上
材料： 果园和落果若干

孩子们去寻找苹果被啃咬的痕迹。他们会有什么发现呢？

- 蜗牛：一般趴在苹果上面啃咬，需要花很久才能吃完。
- 鸟类：喜欢在苹果上啄好多尖角形小洞。
- 黄蜂：一小块一小块地将苹果吃掉。
- 蚂蚁：喜欢偷偷藏在苹果里。
- 老鼠：用它的尖牙把苹果凿空。
- 蠕虫：卷叶蛾幼虫会由外至内咬出一条条虫道。
- 耳朵虫：藏在卷叶蛾幼虫咬出的虫道中。耳朵虫自己无法啃噬果皮，因此只能借用其他昆虫咬出的洞。

玩游戏

籽的故事

罗马人已经会用苹果籽做许多有趣的事情啦！

年龄： 5 岁以上

材料： 苹果籽、针线

苹果籽项链： 把苹果籽用针串在线上。一定要用湿润的苹果籽，不然在用针扎穿时，晒干的苹果籽会裂开。

苹果籽弹打游戏： 将苹果籽对着房间的天花板弹打，如果苹果籽打中天花板，那么愿望就会实现哦。

苹果籽与幸运

其实，一颗苹果籽是否能长成结满苹果的大树，是一件看运气的事情。好吃的苹果的苹果籽不一定就会长成结同样好吃的苹果的苹果树。也许它们会被其他苹果的花粉授粉，结出的苹果会具有"苹果妈妈"和"苹果爸爸"的特征，因此又会形成一个新的品种。然而，新品种的苹果大多数都是酸涩或者无味的，只有在运气很好的情况下，自然形成的新品种的苹果才会香甜味美。在几千年前，人类已经学会从自然形成的苹果品种中培育个头大、味道佳的苹果了。两千多年前，罗马人所了解的苹果品种已经多达三十种。自那时起，通过杂交培育已诞生了超过一千五百个品种。

总之，大概有上千个品种目前都已不存在了，只有那些口感佳、外形漂亮的品种被挑选出来一代代培育。

苹果先生和小姐

绰号为"苹果佬"的约翰尼是一个古怪的美国人，他一生都在不停地收集各种苹果籽来栽种苹果树。他很清楚，有多少付出就有多少收获。约翰尼种的苹果虽然不是市场上的优良品种，但是却提高了苹果种类的多样性，这种做法是非常值得提倡的！

年龄： 5 岁以上

材料： 不同种类的苹果籽、花盆若干、适合播种或施过肥的土壤

将苹果籽在冰箱中冷冻几周。将种子埋在盛有栽培用土或施肥土壤的花盆中，埋土压实。幼苗阶段需保持水分充足。将长大后的植株移栽至多个盆中。在其长到半米高左右时，可以将它们移栽到花园里。

神奇的发现苹果之旅

不是只有苹果树才结苹果哦！

年龄： 3 岁以上

材料： 种有多种数木的苗圃、苹果、捆绳

游戏的主导者将苹果分别挂在梨树、李子树、胡桃树、葡萄藤、柏树等不同的树上。

有些苹果挂在高高的树枝上，有些则藏在真正的苹果果实中间。让孩子们将这些苹果找出来。谁找到的最多呢？

适合于年龄较大的儿童的扩展游戏： 将各种水果分别挂在不同的果树上，然后让孩子们将它们全部找出。

果园种植小贴士

- 可以从苗圃或树苗基地挑选苹果树树苗。
- 推荐种植一些古老的、濒危或稀少的苹果树品种，可以帮助保护物种多样性。
- 用木桶栽种时可以使用小的木头对树苗进行固定。
- 人工培育的苹果品种喜爱潮湿、养料丰富、透气性好的土壤。
- 十月至十一月为最佳种植时间。
- 苹果树一般是两年结果。
- 当苹果可以从树枝上轻松扭下时，就是采摘的时刻了。

梨——
柔软的造型者

　　许多文字中都有与梨相关的说法：鲜嫩多汁的甘甜口感、干瘪皱巴的过冬存货，或者玻璃般的发光体。它们有一个共同之处：永远不会被认错的外形！

通缉令

梨
蔷薇家族

何处可以找到?
野生的多生长在欧洲中部和西部的森林中，果园里的是栽培品种。

枝干: 灰褐色。
叶子: 卵形，皮革质感。
花: 纯白色，五片花瓣，伞状花序，花药为红色。
果实: 假果，最多有十颗种子（核）。

有何特别之处?
- 梨树的寿命很长，最长的有两百五十年！
- 梨花的气味有点像鲱鱼。
- 梨的果肉中含有颗粒状的石细胞，它们其实是木质化的死细胞，使果实坚实。
- 秋天时，梨树的大部分叶子会变成鲜红的颜色。
- 发育过程中，树皮上会形成立方形的结痂：横向裂纹和纵向裂纹分割出一个立方形的区域。这个特点使梨树即使在冬天也很容易被认出。

	三月	四月	五月	六月	七月	八月	九月	十月	十一月
花 期									
果实期									

各种用途的梨

木梨是我们现在见到的梨的野生形态，极少地生长在森林中。大部分的梨是野生化的种植梨。

我们食用的香甜柔软的梨是种植梨——这是神秘的野生梨与不同的东南欧和西亚野生梨的杂交品种。它们生长于波斯和亚美尼亚，然后被罗马人带到了中欧国家。

野生梨与栽培梨相似，它们成为德国南部的一道美丽风景，并不仅仅是在开花的季节。它们口味酸涩，在生的时候并不美味。但是，德国南部的人们会将这种小小的野生梨榨成果子酒，用来作为家中的日常饮品。因此，许多人，尤其是那些嫉妒的无法享用水果而只能喝水的萨尔茨堡人会将奥地利北部和东部的人称作"果子酒酒鬼"。

接骨木果实或梨是专门用于制作果干而培育的古老的水果品种。制成果干是一种长期保存水果的古老方式。接骨木果果皮较硬，含糖量极高。

动动手

梨串珠配树叶花环

年龄：4 岁以上
材料：梨、白色不透明颜料、毡笔、梨叶、打孔器

将梨在烘干机或烤箱内（最底层）烘干，直到梨起皱变硬。这个过程持续三天。然后画上脸部，这样就制成了一个独一无二的秋季饰品或棋子，可以维持几个月。

将类似皮革的梨叶打孔，并把它们串成一串。

玩游戏

一半取一半

爱德华·莫里克的《斯图加特的果脯小人》讲了一个梨状的皱巴小人儿，他送给补鞋匠一双幸福鞋子和一个果脯面包——这个面包从未被切开过。在这个游戏中，不能完全切开梨。

年龄：3 岁以上
材料：一个硬硬的大大的梨、小刀、木板、骰子

按照顺序投骰子。如果投到了六点，那么就要将梨对半切开，然后将一半吃掉。如果下次再投到六点，就再将梨对半切开，然后继续重复这些步骤。

苹果和梨

如果两个东西无法相互比较，人们总会把这称作"苹果和梨式的比较"。

它们最大的区别在于"女性的"形状。

很久以前，如果一个男孩出生，人们就会种下一棵苹果树，而女孩出生时，就会种下一棵梨树。

此外，梨具有石细胞，并且比苹果更加强壮，但是寿命较短。而梨树比苹果树的栽培要求更高，尤其是对于防风度和热量的要求。在外形上，梨树狭长极高。春天，梨树开花比苹果树更早，因此更加无法抵挡晚霜的侵害。

尝一尝 & 闻一闻

苹果还是梨

年龄： 3 岁以上
材料： 苹果、梨、水果刀、手帕

蒙上参与活动的孩子的眼睛。在他吃苹果片的时候，把一小块梨放在他的鼻子下面。这个孩子就会相信，他吃的其实就是梨。为什么呢？因为梨的气味比苹果更浓。大部分人认为，自己使用味蕾辨别味道。当然，情况并非总是如此，人们也用嗅觉辨别大多数的香味。

摸一摸

石 细 胞

年龄： 5 岁以上
材料：（未经培植的）梨、（用于对比试验的）苹果、显微镜（可能会使用）

品尝梨，特别是在果核附近如小颗粒一般的果肉，吃起来会发出嘎吱嘎吱的声音。

将梨对半分开，并且用暖气将它烘干，就能观察到它的石细胞了。果心附近的果肉吃起来比较粗糙不平——与苹果正好相反，苹果口感软而细腻。

为什么？因为梨的果肉纤维中含有一些由木质化的细胞组成的巢，也就是石细胞。如果将一小块梨肉放在显微镜下观察，很容易就能辨认出厚厚的细胞壁上的石细胞。野生梨和楹椁几乎无法供人类食用，因为它们仅仅由石细胞构成并且口感如石头般坚硬无比。

尝一尝

整蛊梨

年龄： 5 岁以上（在大人的协助下）
材料： 如梨一般大小的鸡蛋状土豆、小刀、牙签、1 汤匙橄榄油、盐

将土豆削皮，将土豆尖削成梨状，插上牙签。将梨形土豆蘸少许橄榄油，并且将烤箱设置为 200 摄氏度烘烤约半小时。然后再加盐。

在烘烤之后，土豆的外表很像梨。谁会上当呢？

瓶中梨

这个谜题的答案已流传了几百年：梨生长在一个迷你温室中，避免风吹雨打、鸟儿啄食。

年龄： 5 岁以上

材料： 梨树、玻璃瓶、网、捆绑的细绳

提示： 瓶中梨的成长开始于五月，那时它还非常小（直径约 2 厘米）。

仔细将梨清理干净，并且将瓶子瓶颈朝下，翻转过来。用网包住瓶子，并将它拴在上方的树枝上。

如果梨在九月成熟了，把瓶子解开并从枝干上摘下。

清洁瓶子外表。

几百年来，法国南部的人们会将自酿的梨酒灌入这些瓶子中，封装之后作为特产销售。

梨树大丰收

年龄： 3 岁以上

材料： 一块布、5 ～ 11 个孩子

一个孩子充当梨树。将他的眼睛蒙上。让孩子站在房屋中央，像梨树一般展开双臂和手指。其他的孩子充当梨，一个个"挂"在梨树的手指上。

首先，梨树问他的梨们："你们准备好了吗？"如果梨们回答"准备好了"，树就开始从 1 数到 10。这个时候，梨就会掉下来，也就是梨会跑开。当梨树数到"10"时需要喊："梨在地上。"这时所有的梨都不许动。

梨树必须蒙着眼睛开始找他的梨。最后一个被找到的梨获胜，在下一轮可以充当梨树。

刺猬梨 & 老鼠梨

切成一半的梨外观上（除了刺和耳朵之外）与刺猬或老鼠极为相似。而年轻女巫的第一个任务就是把梨变成小老鼠。模仿简单——无须伟大的巫术！

年龄： 3 岁以上（在大人的协助下）

材料： 新鲜、成熟的种植梨（可以用对半切开的罐头梨代替）、杏仁、葡萄干、烹饪用巧克力、牛奶、黄油、糖、牙签

准备： 将梨削皮，对半切开并且去掉果心。

将巧克力块融化成巧克力酱，再将牛奶、黄油和糖放入蒸锅融化。

将温热的（过热会太稀）酱汁涂在刺猬或老鼠的身体（不是头部！）上。用葡萄干做成脸。

制作刺猬：插入杏仁尖充当刺猬的刺。

制作老鼠：用牙签固定，用剩余的果支制成耳朵和尾巴。

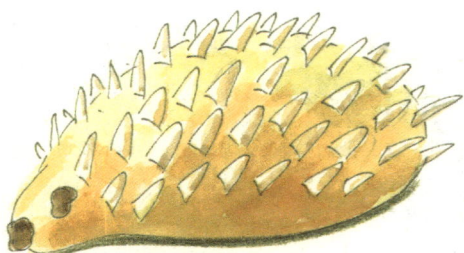

果园种植小贴士

- 每个苗圃中都有年轻的梨树苗，只有在特殊苗圃中才会有年长的梨树品种。
- 梨需要腐殖质丰富的、尽可能深的土地，因为与苹果不同，梨扎根极深。然而，梨树无需丰富的水。
- 梨对生长条件，尤其是对防风和热量条件的要求比苹果更高。所以，在南边或西南边的墙上采用棚架培育极为方便。
- 采摘时节为秋季。

樱桃——
圆鼓鼓的吐核水果

初白如雪，渐绿如叶，更红如血，尤物如此也！

四月，蓝色的天幕下尽是开满银白色小花的樱桃树，六七月时，树的枝头已结满了脆嫩多汁的果实，不同的画面都为人带来宁静和美好的满足感。心急是吃不了樱桃的，因为樱桃成熟的季节是炎热的夏季，况且吃樱桃还要吐核呢！樱桃树几乎所有的部分都具有各种各样的用途和研究价值。

通缉令

甜樱桃
阔叶树，高可达 25 米，蔷薇科

何处可以找到？
野生的品种生长在花草茂密的森林中或森林外缘，也有人工种植品种。

枝干：灰红色。
叶子：椭圆形，锯齿状。
花：纯白色，五瓣，铃铛状下垂悬挂，伞状花序。
果实：核果，每果一核，通过鸟类传播。

甜樱桃　　　**酸樱桃**

有何特别之处？
- 所有甜樱桃的野生品种和原生品种都是欧洲甜樱桃。这种樱桃的叶片更小，树冠更窄，可开上百万朵花。生长速度很快。
- 秋天的叶色变化很美：从亮橙色逐渐变为火红色。
- 通常所见的稠李其实是甜樱桃的变种，同样为野生品种，但是果实发苦。

	三月	四月	五月	六月	七月	八月
花　期		■	■			
果实期				■	■	

唱一唱

花见（日文歌曲）

作词及作曲：约根·盖塞尔布莱希特

Itch ni san ha - na - mi. Itch ni san ha - na - mi.

Schi go rok sitsch hatsch ku ju ha - na - mi.

歌词：
一二三赏花，一二三赏花，
四五六七八九十赏花。

樱花和芭芭拉

严冬过去后，樱桃树那洁白的花朵给漫步者们带来灵魂深处的愉悦，对他们有着不可抗拒的吸引力。在日本，樱花树一同被认为是神圣的。每年樱花盛开的季节，有许多人带着米酒和装满各种菜肴的漆盒，乘着特快列车去到樱花盛开的地方，欣赏那纯白无瑕的花朵。他们喜欢和家人一起在樱花树下聚餐，这在日语中称作"Hanami"。在日本的歌谣中，Sakura，也就是樱花，象征着易逝的瞬间："春风轻拂，漫天樱花如白雪纷下，我也随着它们一起落入尘埃。"这几句诗表现了日本人的生活情境。

欧洲中部有"芭芭拉樱花树枝"这样的传统：据说芭芭拉将要被拖入牢房时，裙子被一个樱花树枝扯住了。芭芭拉将树枝放入水中，当她被处刑的那一天，樱花居然开了。因此，十二月四日（圣芭芭拉节）剪下樱花树枝插入花瓶，可以在圣诞节开放。

玩游戏

樱花的节日

年龄： 3岁以上
材料： 开花的樱花树、若干日本纸气球、盖毯

躺在开满樱花的樱树下，在融入蓝天的洁白花枝间，做一场美梦吧。日本纸气球是大人和小孩儿都很喜欢的玩具，因为它被吹起来后可以像真正的气球那样飘到空中，与樱树枝互相映衬，形成一幅美丽的图画！谁的纸气球会落到樱树枝上呢？

之后大家可以进行一场小型野餐。例如，涂了香草酱的小面包，再点缀上些早春的花朵：紫罗兰、野芝麻花、樱花草，还有白茶。最特别的还是晚上那星星闪烁的夜空下的樱花——这些花朵真的会发光哦！

芭芭拉树枝

黑暗时期的一抹春色！以前，女孩们将她们的追求者的名字写下来挂在树枝上。哪根树枝最先开花就选哪位。

年龄： 3岁以上
材料： 樱桃树枝（十二月的）、水、花瓶

在十二月四日那天剪下一枝"芭芭拉树枝"。把它在装有水的花瓶中浸泡一夜。然后将其移至有新水的花瓶中，每隔三至四天换一次水。要远离温暖的房间及离取暖设备太近的地方：过热会导致树枝干枯。

运气好的话，圣诞节的早上就会开花了。

为什么呢？改变花期需要树枝至少在10摄氏度以下的环境中生存一个月，这是消除开花抑制物质的前提条件。过早剪下的树枝是不会改造成功的。在临近圣诞节的三周内，嫩芽所收集的热量恰恰可以达到春天生物周期开始时的信号。

樱桃美妆

涂满红色唇膏的嘴唇也被称为"樱桃嘴"。通常，人们还会故意将唇膏涂到唇线外面一点。

酸樱桃和甜樱桃

樱桃和樱桃是不一样的。

酸樱桃（马哈利酸樱桃）酸得可以让人咬一口就面部皱成一团。然而早些时候，它那颜色浓重的汁液还被当作一种唇膏来使用。

甜樱桃里面有一种口感爽脆的"软骨樱桃"，它的果肉色泽较浅，下雨的时候容易胀裂。软一些的"心脏樱桃"汁液较多，果肉颜色较深，外形像心形。甜樱桃就是野生品种。它那小小的黑色的果实口感甜中带苦，几乎没有果汁。

年龄： 3岁以上
材料： 甜樱桃、酸樱桃、深色衣服（可能会溅上樱桃汁液）

用樱桃汁画一个个大红嘴唇，像耳环那样在耳朵上挂上樱桃串。然后拍照留念。

看一看&试一试

樱桃破了

年龄： 5 岁以上

材料： 软骨樱桃、蒸馏水、玻璃碗

把樱桃浸泡在盛满蒸馏水的玻璃碗中。12～24 个小时以后它们就会胀裂。

这是为什么呢？ 樱桃表皮坚硬时包裹着的果肉口感比较好。樱桃的外皮是半透明的一层，小的水分子可以穿过表皮，但是较大一点的糖类分子却不能。水穿过表皮的细孔进入樱桃果肉中，而樱桃中含糖分的果汁却无法从果皮中透出。涌进的水分将汁液稀释，同时使细胞内压力升高。因此樱桃吸水后胀大。当表皮渐渐无法承受升高的压力时，就会破裂。这个过程叫作渗透。如果用糖水溶液浸泡则会发生反方向的渗透过程。下雨时，雨水会渗入樱桃含有糖分的果肉组织中，于是就会出现像这样的现象。

提示： 红醋栗也有这样的效果。不要使用被喷洒过农药的樱桃。这种"保护层"会导致樱桃无法胀裂。也可以将未喷农药的和喷过农药的樱桃进行对比。

吐核大赛

在德国亚琛附近的一个叫迪伦的地方，"吃樱桃吐核"世界大赛的想法是在德国世界杯结束之后诞生的。在这个设有 30 米"吐核赛道"的比赛中，目前的世界纪录是男子 21.71 米，女子 15.24 米。每一位吐核运动员每一轮有三次机会。长度计算的是樱桃核最终静止的位置，而不是樱桃核刚掉落的位置。这个规则额外增加了吐核比赛的"黏液"竞赛。 因为一个湿润的果核会顺着它留下的黏液轨迹继续往前滚，比干燥的果核要远一些。柏油马路上比赛的世界纪录是 30.34 米，是由美国人在 2003 年在美国创造的。

玩游戏

樱桃球

年龄： 3 岁以上

材料： 每对游戏参与者一个球

两个孩子相对而站，互相传球。球第一次掉落时，代表"它吃了樱桃"。第二次失误时是"吞掉了樱桃核"，第三次是"肚子疼起来"，谁先出现四次失误谁就输了，因为"它被送进医院了"。

吐核选手

正确的吐核技巧：卷起舌头，助跑 3 米，不要吐得太高。

年龄： 3 岁以上

材料： 樱桃、塑料轨道、黑色垃圾袋、木条、卷尺

用塑料袋制作一个 5 ～ 10 米长的轨道，边缘用木条固定住。标出起点线，孩子们就比比看谁吐的樱桃核最远吧。

世界吃樱桃吐核大赛规则：

- 樱桃核必须要啃干净。
- 不能跨越起点线。
- 只有落在轨道上才有效。
- 樱桃核滚动的距离也可以计算在内。
- 参赛者的最终成绩由两轮比赛每轮三次试吐的成绩计算得出。

樱桃石头

不要惊讶，樱桃也被称作石头水果，因为它的核如石头一般坚硬。发芽时这个小石头会沿着裂缝裂开，分成两瓣，使嫩芽从里面钻出来。

樱桃核有一个很棒的特性：加热后它们可以保温很久，释放热量很缓慢。早些时候，樱桃收获的季节，每个家庭都要准备一个痰盂来收集樱桃核。他们把收集好的樱桃核用沸水煮熟消毒，放在炉子上烤干，然后把它们缝进一个麻布袋子里。再把它在炉子里稍稍加热，于是冰凉的床铺上就有了暖和的枕头。

经常吞食樱桃的鸟可以毫不费力地把樱桃核啃下来。

樱桃核枕头

是将吐核比赛活动材料合理回收利用的好方法。肚子疼时也可以使用。

年龄： 6 岁以上

材料： 樱桃核、漏勺、煮锅、粗布、麻布袋、针、线

把樱桃核煮沸，用漏勺捞出，放在两片粗布之间，把核上的残余果肉揉搓干净。彻底干燥（可以放在大太阳下晒干或者在烤炉中低温烘烤）。填入麻布袋中，将袋口缝住。烤炉 180 摄氏度加热。

酸酸的樱桃软糖

年龄: 5 岁以上(在大人的协助下）

配料: 150 毫升酸樱桃汁、4 汤匙糖浆(枫树糖浆或龙舌兰糖浆)、3 克琼脂、2 克柠檬酸、糖、3 克苹果果胶、小锅、打蛋器、小型烤盘、抹刀、淀粉、若干新鲜的樱桃

在烤盘底部涂满大约 2 厘米厚的淀粉,用抹刀轻轻压平,置于冰箱中。

樱桃汁、糖浆、琼脂和柠檬酸放于一个小锅中,用打蛋器搅拌,煮沸,中温焖 4 分钟。在此期间将糖和果胶混入,用打蛋器在锅中搅拌,再次煮沸。静置冷却,不断搅拌,直到水果胶体微微发热但是仍可以流动。

在此期间,将烤盘从冰箱中取出。将新鲜的樱桃像印章那样均匀地摁在上面,形成凹印。将刚刚制成的水果胶体倒入凹印中,放在冰箱中至少一晚,使其凝固。

将做好的水果软糖放入塑料罐头瓶中,置于冰箱内保存。

酸樱桃树苗

将樱桃种子收集起来可以很容易培植原生甜樱桃树。它们生长迅速,很快会长出第二棵并且开花结果。野生甜樱桃对生长环境要求不高,甚至可以在砾质土壤中生长。

樱桃树胶

樱桃树的树皮损伤时,伤口处会流出一种胶状的、略带红色的物质,短时间后会变硬。这是树的伤口愈合剂,也被称作樱桃树胶或者樱桃树脂、樱桃琥珀。当樱桃树生长的土壤湿冷、黏重时,樱桃树就会出现流胶现象。

樱桃树胶是水溶性的。以前它被熬煮后制成黏性材料,可以用作粘鸟胶、粘纸胶,也可以用于印花厂或加固毛毡帽。在美术行业,樱桃树脂则被用来作为增强颜料黏稠度的调和剂(不加调和剂的颜料变干前会在画布上流淌)或者制造墨水。与红酒混合后("樱桃酒")可以制成绝佳的润喉饮料。

① ② ③

樱桃琥珀

年龄: 6 岁以上

材料: 有樱桃树的地方、刮刀

在樱桃树上寻找有流胶的地方。一般在曾经被砍断过的树枝上容易找到。这种黏性汁液很快会硬化,像琥珀那样附着在伤口边缘处。将樱桃树胶刮下放在一个容器中。下雨时,它们就会变得像蜂蜜那样黏稠,而干燥的天气时,它们就会像琥珀一样。

将它们放在热水中,会形成凝胶状的小块。将它们从水中取出,放置一夜后胶块变硬,看起来就像琥珀那样。重新放入水中后,它们又会变软。

这是为什么呢? 樱桃树胶是水溶性的,在水中会吸水膨胀成为黏性、胶状的物质。

果园种植小贴士

- 用樱桃核是无法直接种出樱桃树的: 即使用人工栽培品种的樱桃核也只能种出野生甜樱桃。樱桃并不是实生果,意思是,幼苗(开花能力特别强的枝条)会被嫁接到野生种(野生甜樱桃)上。
- 任何种植学校都可以提供樱桃树苗。
- 一棵樱桃树需要比较大的种植空间,因为它有比较庞大的树冠,以及较深的根系。
- 樱桃树喜爱深厚的土层,不要求太肥沃的土壤。
- 许多樱桃的花朵对于霜冻都十分敏感。
- 樱桃树开花结果可能要等待几年的时间。
- 野生甜樱桃可以迅速有效地扩展繁殖,因此彼此之间会变得越来越紧凑,形成一个小的樱桃森林,一般被森林工人种在混合林里。

李子——
庞大的家族

　　李子有一个大家庭，正因如此它们的用途多种多样：圆滚滚的莱茵克洛德李可以做成天然棒棒糖，甜甜的杏李一口咬下去汁水四溢，易去核的黑布林和其他李子干适合用于冬季的制作活动并且能促进消化。

通缉令

李子
栽培果树，属蔷薇科

何处可以找到？
在果园或家中的花园中栽培。

枝干： 灰棕色，表皮光滑。
叶子： 卵状、锯齿状。
花： （绿色）白色、黄色雄蕊，伞状花序。
果实： 从黄色到黑色皆有，有一个果核，即果仁。

有何特别之处？
- 人们还没有发现野生的李子。
- 李子的幼芽呈卷曲状。
- 李子果核外形与杏子相似。

	三月	四月	五月	六月	七月	八月	九月	十月	十一月
花 期		■	■						
果实期					■	■	■		

李子棒棒糖

年龄: 3 岁以上
材料: 李属植物的不同果实、小棍子

把黑布林、杏李、莱茵克洛德李等插在小棍子上就变成了"棒棒糖"。在小厨房里把棒棒糖分类后摆成小售货摊，这个主意怎么样呢?

而且，人们还可以啃咬这款棒棒糖!

黑布林绕口令

有关"黑布林"的绕口令!
年龄: 6 岁以上

请尽可能快地阅读以下的句子:
十个压扁的黑布林加十个压扁的黑布林是二十个压扁的黑布林。

李子唇印

年龄: 4 岁以上
材料: 新鲜的李子、水彩颜料、毛笔

将李子纵向切开并去核。将红色或粉红色的水彩颜料涂抹在果实边缘。然后按压在纸上或脸颊上。

提示: 可以结合之前的活动。不能成功说完绕口令的人就得到一个唇印。

蓝色小老鼠

年龄: 3 岁以上
材料: (带把的)新鲜的李子、丁香、小刀

李子变身成小老鼠:李子的把是尾巴，用丁香做口鼻和眼睛，用李子果核做成耳朵，用小刀刻出胡须，这样就完成了!

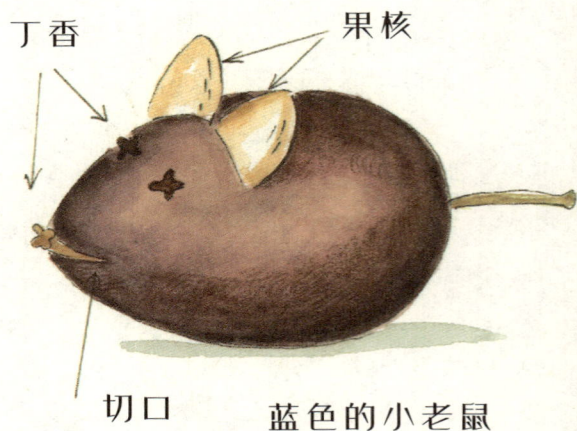

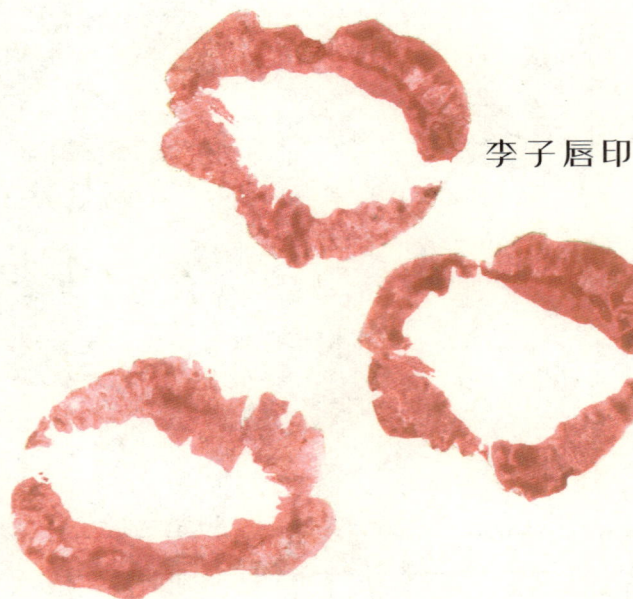

丁香　　　　　　　果核

切口　　　蓝色的小老鼠

李子唇印

看一看

果仁

从前，黑布林果仁是孩子漫漫上学途中的"小零食"：把果核装在裤兜里，敲开，然后吃里面软软的"果仁"。尽管它们含有氢氰酸而且口味略苦，但是孩子们不会因此死亡。（通常情况下）只有食用一定数量的果仁才会导致死亡。

年龄：5 岁以上

材料：黑布林（因为黑布林的果核可以很容易地从果肉中取下）、（最好带有果皮的）杏子、锤子或石头

从果肉中取下黑布林果核，洗净并晾干。

它们的外形是怎样的？果核颜色为巧克力棕、表面粗糙有纹路。果核背面有鱼骨状的纹理。杏核如石头般坚硬。用一把锤子或一块石头砸开果核，然后就会露出里面软软的果仁。因为含有少量的氢氰酸成分，所以内核味道微苦——只需稍稍品尝一下！

李子果仁 & 波维多尔果酱

从前，在人们还没有冷冻柜和罐头的时候，风干和蒸煮果实显得极为重要，因为只有这样才能保存过冬所需的维生素。李子在风干后会失去其重量的三分之二，但是它的甜度和香味会随之增加，而且外表也会黑得发亮。除了许多珍贵的成分之外，这些李子果干还含有极多的纤维质，这是治疗便秘的灵丹妙药！

除了果干之外，将李子蒸煮几个小时后还可以制作成"波维多尔果酱"或者作为"李子奶酪"的增稠剂。波维多尔果酱是一种无糖的李子果酱，经过几个小时的蒸煮和搅拌之后，李子会更加甜更加浓稠。而李子奶酪完成需要六个月，人们需要等到圣诞节才能食用。

李子男孩儿 & 女孩儿

早在十七世纪，人们在德国南部地区就发现了用黑布林干和金属丝制成的小玩偶，所谓的李子小人儿。它们是圣诞节或除夕夜的绝佳礼物。

年龄： 5岁以上（在大人的协助下）

材料： 木片或正方形木块（边长约5厘米）、锥子、（结实的但可弯曲的）金属丝、李子干、花生、风干的无花果（可能需要）、毛毡、毛毡笔、胶水

用锥子在木片上钻两个孔。将金属丝穿入洞中并固定。金属丝的长度至少符合男孩儿的身高。将黑布林干纵向穿入两根金属丝作为脚，横向穿入黑布林干制成躯干。也可使用无花果干给男孩儿和女孩儿制作更多的躯干部分。在两根金属丝的末端装上一个花生头部。画上脸部，并粘上一个毛毡帽子。如果再给肢体添加一些小玩意儿，娃娃们会更加与众不同：用剩余材料制作一条头巾、树枝做成拐杖或笛子、橡子烟斗、烟囱清洁工的圆筒、李子小人儿的红色舌头和葡萄干项链……

李子奶酪

像很久很久以前一样，搅拌再搅拌。

年龄： 5岁以上（在大人的协助下）

材料： 李子、冷水、蜜糖

洗净李子并用少许水煮软。从灶台上取下锅后，将煮过的李子去皮去核。继续倒入锅中煮直至出现浓稠的、厚实的果糊。将一半果糊加入蜜糖搅拌并使之完全溶解。继续煮，直至块状物从锅中脱落，勺子插入后可以保持直立状态。

将块状物置于方形容器中并密封保存。

提示： 英国人将这种厚实的李子糊称作"奶酪"，这种奶酪六个月后方可食用。当奶酪制作完成后，人们会像做煎饼一样，把奶酪翻个面，然后用甜甜的草药或香料一层层叠起来，存放在避光干燥的柜子中，直到奶酪吸收了糖且变得十分坚硬。之后，人们就把它切成小块当成小点心食用。

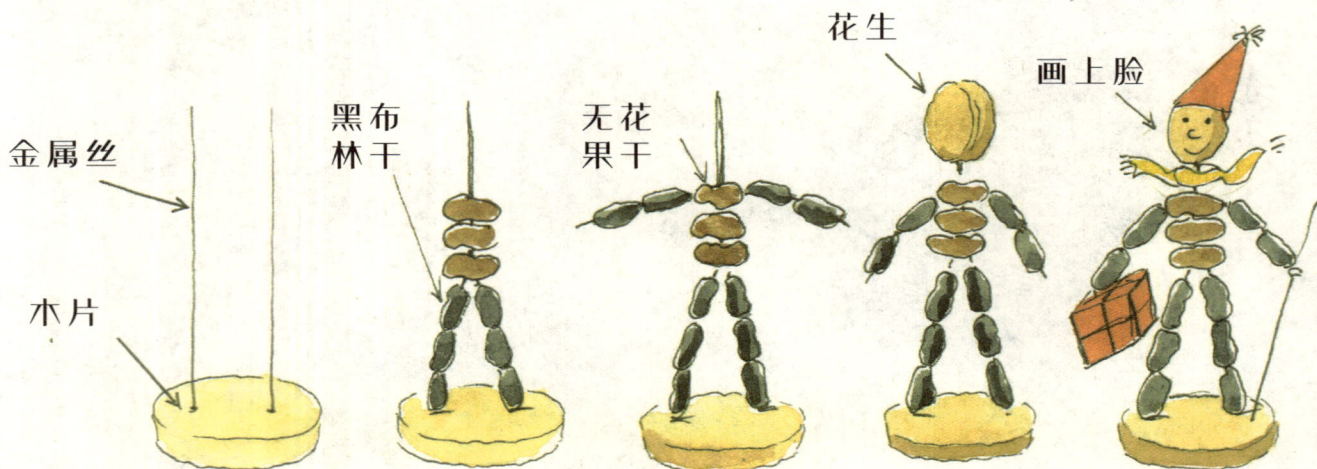

花生

画上脸

金属丝

黑布林干

无花果干

木片

腐烂的美味佳肴

在夏末和秋季，熟透的李子掉在地上裂开，不久之后它们就开始腐烂。这些李子就成了昆虫们的佳肴。除了马蜂，它还是蝴蝶的最爱。它们用长长的口器吸食果子里甜甜的汁液。我们经常能在李子里看到的"蠕虫们"事实上是梅木蛾的幼虫，它们的成虫是一种深色的小蝴蝶。

玩游戏

吸果汁的口器

年龄：3 岁以上
材料：吸管、剪刀、杯子、果汁

根据孩子的年龄将 3 ～ 5 根吸管插在一起变成一根长长的吸管（在吸管的一端切一个小口子）。

当游戏主导者宣布游戏开始后，孩子们就需要用长长的"口器"从杯子当中吸果汁。从上方吸入果汁着实费力。谁的杯子最先空了呢？

看一看

观察站

熟透的李子会吸引一大批昆虫。
年龄：3 岁以上
材料：（自九月中旬的）熟透的李子

把熟透的李子放置在适于观察的位置。可以将李子切成小块。

要观察什么？

吸引了哪些昆虫？

● 苍蝇：脏脏的黑色苍蝇蜂拥在李子的上方，将腐坏的水果作为食物。

● 蝴蝶：孔雀蝶和红蛱蝶用它们长长的口器吸吮着果汁。与此同时，它们的口器会卷起并展开。

● 梅木蛾：小小的、不起眼的蝴蝶，它们白色的小蛆（"蠕虫"）会侵蚀李子。人们可以从树脂化的汁液来辨认被侵蚀的果子，这些汁液会从虫子钻入的洞中流出来。

● 黄蜂：把果实咬出许多洞，它们比蝴蝶更强壮并且会驱逐蝴蝶。

李属植物的大家族

杏李、黑布林、酸梅、米拉别里李子、乌荆子李、大马士革李、青梅、莱茵克洛德李、拉斯李、黑刺李……李子有黄色、黄绿色、紫红色、红色、丁香色、蓝色或是黑色，它们有球状的，还有卵形的。李子可以是经过栽培的植物，也可以是栽培后生长在野生环境中的亚种植物，这些亚种植物属于栽培李子的一种——植物学上称作李属植物。这些李子的共同点只有"白霜"（果子上有浅色的霜，这些霜由蜡质组成，可以清除）。李子的柔软的果肉有红色的，也有黄色的。

李子和梅子首先在外形上有区别：柔软香甜的李子为圆形，有一条深深的纵缝，颜色有蓝色、黄色或绿色，它们的果肉非常不易与果核分离。梅子则较酸，外形细长，通常为蓝紫色，纵缝相对较浅，而它们的果肉非常容易与果核分离。面包师较喜爱用梅子，因为它们在烤箱中加热时仍能保持形状。

果园种植小贴士

- 人们可以在较大的苗圃中找到各个品种的李树。较小的花园可以栽培不太高的树苗或生长缓慢的灌木果树苗。

- 梅子树越小，它结果的速度就越快；但是树干越矮，它的寿命也就越短。

- 最佳的种植时节（如往常一样）是秋季。

- 李树扎根极深，因此需要土层较厚的土壤。除此之外，土壤还需要透气、肥沃且含钙。李树喜爱大量的光照。种植在较暖的区域可以获得大丰收。

- 李树可在 3 ～ 5 年后结果。

榅桲——
毛茸茸的陌生植物

在希腊的传说中，赫斯珀里得斯（仙女）和长着一百个头的龙一起守护着金苹果树，这棵金苹果树可让众神永葆青春。人们猜测，这棵奇妙的金苹果树其实是榅桲（wēn pó）树，因为古希腊人极其热爱种植这种果树。1900 年左右，榅桲树因作为冬季储备水果而受人喜爱。之后，它受到了苹果和梨的排挤，或许是因为这种水果生的时候如木头般坚硬，而且口味酸涩。此外，之前冬季最主要的甜食——榅桲果冻或榅桲果面包也由于冷冻柜和玻璃暖房的出现而消失了。但是究竟是哪种水果带着皮毛、外皮芳香四溢而内部的果肉又让人惊诧不已呢？

通缉令

榅桲
蔷薇科植物家庭中的小型核果果树

何处可以找到？
生长在伊朗、亚美尼亚和土耳其的野生品种；在果园和花园中的栽培品种。

枝干：褐色、丁香色。
叶子：毛茸茸的，边缘光滑，长达 10 厘米。
花：大、有香气、钟形，有白色和粉色等颜色，多为单独生长。
果实：梨果，黄色，有香气，毛茸茸的，有大量红棕色果核。

有何特别之处呢？
- 发源地可能是高加索山脉，在古希腊已有栽培品种。
- 榅桲果实为苹果状或梨状。
- 生的果子由于其较硬（有许多石细胞）而口味不佳。
- 叶片和种子含有氢氰酸，有毒性。
- 人们栽培榅桲的历史已有几个世纪，但栽培品种并未改变多少，因此仍然保留着野生果实的特征。

	四月	五月	六月	七月	八月	九月	十月
花 期							
果实期							

毛绒外套和芳香果皮

榅桲具有绝妙的保护层。

一方面，果实外表覆盖着黄棕色茸毛。因此，罗马人称它为"毛茸茸的苹果"。而这层毛绒外套富含苦味物质，在加工食品前必须去除这层物质。榅桲的叶子也穿着这层毛绒外套，正因为这样，在炎炎夏日叶子和果实不会被晒死。这层外套也赋予了榅桲地中海地区植物的外观。

另一方面，这层毛绒外套下就是果皮了，果皮覆盖着蜡质层，这样可以保存果实的水分。经过摩擦后，果皮会散发出新鲜迷人的果香。这种怡人的味道是由至少八十种芳香物质混合而成的。

摸一摸＆看一看

打磨毛皮

年龄：3 岁以上
材料：榅桲、放大镜

用双手摩擦榅桲的表皮。在此过程中，果子会变得光滑发亮。而放大镜下的茸毛就如同是未加工过的羊毛一样。可以把茸毛制作成毛团或是毡套的滚筒。

在下一环节中继续使用榅桲！

闻一闻

客厅香味

空气清新，还不损害（脑部）神经。
年龄：3 岁以上
材料：榅桲、毛巾、碗

用毛巾将榅桲擦得光滑发亮。此时，可以闻到榅桲怡人的芬芳。将它放在碗里置于客厅，然后下意识地闻它的香味。果实在几周之后仍然散发出淡淡的味道。

榅桲黏液

在五层羊皮纸般的果核中，干瘪的黏稠外壳包裹着大量红棕色的籽。这层黏液溶解在水中后会形成凝胶状的物质，而天然化妆品公司经常在它们的产品中使用这种物质。榅桲果胶针对炎症、伤口以及皮肤皲裂和晒伤有缓和作用。

榅桲因为含有较多的果胶和黏液物质非常适合制作成果冻和榅桲面包。除了它特殊的香味，这种黄色果实的维生素和矿物质含量极高，尤其是维生素 C 和钾。

摸一摸

榅桲果胶

年龄：3 岁以上（在成人的协助下）

材料：榅桲、小碗、水、尼龙袜，可能需要玫瑰水

小心地将榅桲对半切开，并从果核层中取出榅桲果核。去除裂开的籽。

冷提取：以 1:8 的比例在冷水中将风干数小时（最好是过夜）的整颗榅桲果仁取出，用尼龙袜过滤后稍微加热。此时会出现如同果胶般的黏液，可以涂抹在手上、手臂上、腿上……这种黏液会在皮肤上留下舒适的、稍稍紧致的感觉。奇妙的是，它塑造了"第二层皮肤"。也可以当成沐浴液使用。如果认为榅桲的香味太淡，可以添加薰衣草或玫瑰叶作为香料。

冷却数天。加入玫瑰水后（比例为 7:1）保质期更长。

提示：榅桲的果肉极其坚硬——需要成人将榅桲切成两半！切勿使用任何裂开的籽：含有氢氰酸！

闻一闻

榅桲小面包

年龄：5 岁以上

材料：1 千克榅桲、水、糖、椰丝、筛子、纱布、打蛋器、大锅

配制：

将榅桲洗净后擦干并切成小块，连同果核一起放置于带有水的大锅中。盖上锅盖用中火加热约四五十分钟煮软。在筛子上放上纱布并倒入煮过的榅桲。提取的榅桲果汁可以用来制作榅桲果冻。

将榅桲去核后碾磨。将果泥称重后加入相同重量的糖，继续加热并且持续搅拌果泥（约 1 个小时），直至出现坚硬的物质。如果用烹饪勺穿过这层物质，其厚度必须要达到能清楚看到一条"街道"。

将这些榅桲凝固的物质放在铺有烘焙纸的烤盘中，预热烤箱后再用 100 摄氏度烘烤约 3 个小时。冷却后切成有趣的形状。滚上一层椰丝，然后用牛皮纸包好后放在罐头中保存。

其他做法：

彩色的榅桲面包：（在风干之前）加入食用色素可以做出多色的榅桲面包。

榅桲守护者

在希腊的传说中，赫斯珀里得斯和长着一百个头的龙一起守护着榅桲果树。这种树木的果实使众神永葆青春。只有海格力斯使计盗取了榅桲。

年龄：5 岁以上
材料：三个榅桲

一个孩子扮演看守者。他跪在三个榅桲旁。当游戏主持者宣布开始后，其他的孩子要尝试从看守者这里拿走一个榅桲。如果扮演小偷的孩子碰到了看守者，那么他就定住无法再动了。孩子们中会出现一个海格力斯吗？

果园种植小贴士

- 榅桲比苹果和梨更加热爱温暖和畏惧寒冷。它们喜欢待在光照充足、受到保护的地方。
- 榅桲对土壤几乎没有要求。它们可以在酸性或是中性、沙质或是相对复杂的透气土壤中生长。榅桲无法忍受极其潮湿的环境，但可以在略微干燥的地区生长。
- 榅桲的品种包括圆圆的苹果形榅桲，其芳香四溢且非常坚硬；还有果肉柔软的较长的梨形榅桲。在地中海还有可以生吃的榅桲品种。
- 可以在分类明确的花圃和苗圃中找到榅桲树苗。

野生灌木类水果及其家族

　　灌木丛可以将农田分割，抵挡大风及腐蚀，还可以为许多动物提供栖息地、孵化地和食物。对于我们人类来说，灌木丛还能为我们提供维生素丰富的水果，这里就是野生果子的王国。

棘刺水果——
沙棘和黑刺李

沙棘和黑刺李都有茎刺：侧枝极小，后变成棘刺并与枝丫牢牢连接。与玫瑰的倒刺不同，这些棘刺无法折断，所以要收获这些果实可得费一番力气。但是这两种果实都很美味：油性的珊瑚色沙棘果、小弹珠般的蓝色黑刺李，还有粉状的红红山楂果。

通缉令

沙棘
胡颓子科落叶灌木

何处可以找到？
海边或海边的沙滩或石滩上的先锋树木，花园中的观赏灌木。

叶子： 树叶窄长，背面闪着银光，叶边缘卷曲。
枝干： 红棕色平滑老树枝，表皮可剥落，有尖刺。
花： 雌雄异株，微绿；雄性花序球状，雌性花序穗状。
果实： 橙红色卵状假果（坚果 + 花萼管生长成果肉），鸟类传播，一颗深棕色的种子。

有何特别之处？
- 沙棘的原产地为尼泊尔。
- 沙棘非常抗旱：根部发达，扎根极其深，银色叶子表面有起保护作用的茸毛。
- 沙棘幼芽呈黄铜色。
- "耐寒高手"沙棘果会一直挂在枝条上，所以，叶子脱落后的枝条在冬季也非常漂亮。
- 略带毒性的欧洲火棘颜色与沙棘相似，但是它的果实呈球状，叶长青。

	三月	四月	五月	六月	七月	八月	九月	十月	十一月
花期		■	■	■					
果实期							■	■	■

珊瑚果

从九月开始，"沙棘姑娘"就会结出软软的珊瑚色的果实。这种鲜艳的颜色是由于沙棘中的类胡萝卜素含量较高。它的果肉富含维生素 C、矿物质、微量元素和丰盛的果油。沙棘非常健康，因为浓稠的果油多呈奶油状，而且沙棘还是化妆品的常用成分。古希腊的人们甚至为了马匹能拥有光亮的皮毛而用沙棘喂马。

因为灌木拥有许多棘刺，采摘果实并不容易，而且多汁的果实在采集时容易被压不。有经验的沙棘采集者会将果实连同枝叶一起剪下，这样就可以简单地从枝条上摘下果实，或者用一把结实的刷子将果实刷入桶中。

生的果实味道酸涩，不过稍稍煮一下后就变得非常美味了。

尝一尝

珊瑚奶油酸奶

绵滑口感，是预防感冒的最佳美食。
年龄： 5 岁以上（在大人的协助下）
材料： 沙棘果、糖、原味酸奶、筛子

将沙棘果加少量水一起煮后过筛。根据个人喜好加入适量糖。再将原味酸奶与奶油状的亮橙色沙棘糊混合。

摸一摸

金色灵药

年龄： 4 岁以上
材料： 沙棘果

果肉中所含的油脂是一款绝佳的伤口愈合剂。在受伤的皮肤上滴几滴果油就可以加速伤口愈合，还可以滋润干裂的皮肤。因为这种果油只有通过低温压榨才能够从果肉中提取，所以无法自己提炼这种果油。

不过，如果将沙棘果直接涂抹在皮肤上，至少还是有些功效的：

- 橙色的精华可以迅速被皮肤吸收
- 浓度高的果油给皮肤带来舒适的感觉

提示： 因为果油中所含有的天然果酸并不适用于所有人群，所以仅涂抹在不敏感的身体部位（例如，腿部）。

其他用法：如果不喜欢在皮肤上留下橙色的痕迹，也可在皮肤上铺层纸后再涂抹沙棘果。

通缉令

黑刺李
蔷薇科落叶灌木

何处可以找到?
光照充足的矮树篱、灌木丛和森林边缘。

叶子: 卵状,叶片在花序处卷曲。
枝干: 有尖刺,(与山楂不同的)深色树皮。
花: 白色、五瓣花,在叶子萌芽前已结果。蓝褐色球形核果,含有涂蜡层,一颗果核,耐寒高手。

有何特别之处?
- 黑刺李根生长茂盛,所以植物盘根交错,层层叠叠。
- 果核含有氢氰酸。
- 黑刺李可能是与樱桃杂交的栽培型李子的祖先。

	二月	三月	四月	五月	六月	七月	八月	九月	十月	十一月	十二月
花 期		■	■								
果实期							■	■	■	■	

棘刺墨水

黑刺李的果皮含有棕色色素。这是孟西斯·奥菲勒斯约一千年前的一篇名为《多样的艺术》的论文中的配方。

年龄： 6 岁以上

材料：（四月或五月，抽芽之前的）黑刺李枝条、削皮刀、盛了水的煮锅、小玻璃杯、一根鸟类大羽毛（也可以用毛笔代替）、指甲钳、纸

在春天剪下黑刺李枝条并且搁放几天。当树皮脱落之后，再简单拍落树皮。如果使用嫩枝，就需要削去嫩枝的树皮并且用水浸泡。数小时后，水会被染成棕红色。将水静置几天后再煮沸。这样，树皮的颜色都被浸出来了。从汤汁中除去多余的树皮块并将棕红色液体倒入小玻璃杯中。

可用毛笔蘸取红棕色的颜料来写字，这种颜料和涂料一样有极强的透明性，而且抗光照、防水。

按照图示用指甲钳修剪羽毛。将羽毛蘸在墨水中润透后就可以写字了。

蓝色弹珠

从九月开始，当枝头开始冒芽，枝上还寥寥落落地挂着几颗果实的时候，如蓝色弹珠的黑刺李果就已经生长在了偏僻的灌木丛中。而到了成熟的季节，这些果实简直是酸得掉牙。以前的孩子们会吃这些果实来证明自己勇气可嘉！

霜冻会让黑刺李变得香甜。经历了几个霜冻的晚上之后，果肉里的单宁酸会返回到果皮中去。从那以后，黑刺李就会马上脱落，被鸟儿啄食、开裂或者腐坏。收获成熟的黑刺李后放在冷冻柜中三四个小时，也会出现这些变化：那时的黑刺李才变得甜美可口，有着李子或樱桃般的味道。如果把黑刺李做成果冻、果酱或果汁，口味会更佳。

但是，要在满是棘刺的低矮灌木丛中采摘黑刺李简直就是对每件衣服韧度的考验。

准备制作羽毛笔

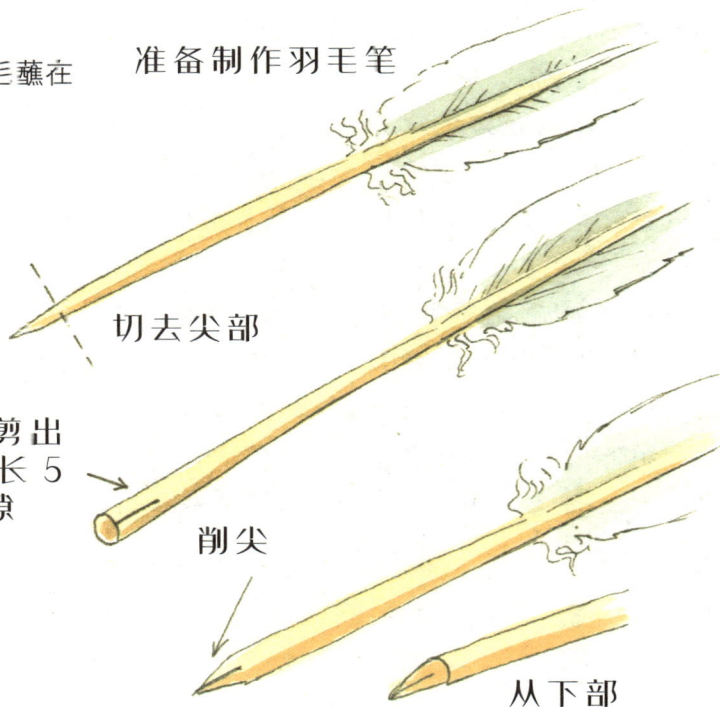

切去尖部

用指甲钳剪出一条大约长 5 厘米的缝隙

削尖

墨水

从下部

从地狱到天堂

冬天的黑刺李简直是"丑爆了"：低矮灌木上生长着笨重的黑枝条，枝梢会变成尖尖的棘刺。茎刺直直挺立着。红背伯劳鸟还会把它的战利品（昆虫或老鼠）插在这些茎刺上。

三月时，就发生了美的奇迹：在人们看到绿叶之前，布满棘刺的黑枝条就蒙上了雪白雪白的花朵。其他几乎所有的树木和灌木还在冬眠时，这些花儿就已经开放了。花儿散发出一股蜂蜜和杏仁的香味。对蝴蝶、蜜蜂和瓢虫而言，这些花朵为它们提供了花蜜和栖息之地。这简直太美妙了！从前的人们为黑枝条魔法般的美丽奇迹而心动不已。他们认为黑刺李被赋予了善良的灵魂，它可以战胜黑魔法的力量。用黑刺李木做成的拐杖可以预防疾病和其他的不幸。在中世纪的修道院中，人们还从黑刺李的树皮中提取漂亮的红棕色书写墨水。

闻一闻 & 摸一摸

黑刺李花的法术

两款草药女巫的秘方：醒脑茶和来自黑刺李花的活血果油。

金色花茶
配料： 黑刺李花、山楂嫩叶、杏仁口味糖浆、水

烧开水并将水冷却到 60 ～ 70 摄氏度（否则会破坏花朵中的有效成分）。将黑刺李花朵和山楂嫩叶撒入并盖上盖子浸泡一会。等花朵和叶子将茶染成了金黄色后，放入甜甜的杏仁口味糖浆。花朵会渐渐沉到杯底并变得透明。春天时，这款茶有醒脑的功效。

黑刺李花油
配料： 一把黑刺李花、油（杏仁油、亚麻油或优质橄榄油）、咖啡滤纸

在晴朗的春日里采集一些黑刺李花并放在一个果酱玻璃罐里。轻压花朵并浇上油直至盖住花朵。将玻璃罐放置在明亮处三周后，用咖啡滤纸过滤。罐子里的花油可紧致肌肤并加速皮肤的新陈代谢。

黑刺李可丽饼

暗红色的黑刺李果酱口味极佳：有点像李子，有点像醋栗，还有自己独特的风味。

年龄： 5 岁以上（在大人的协助下）

配料： 黑刺李、蜜糖、筛子

可丽饼饼胚：150 毫升牛奶、150 毫升水、200 克面粉、5 个鸡蛋、2 汤匙植物油、2 汤匙糖、少量盐、烘烤用的油

用少许水煮黑刺李，黑刺李会裂开。再用筛子过滤，加入蜜糖煮沸。制作可丽饼饼胚，烤熟并加入黑刺李果子酱。

石器时代的口粮

黑刺李干口味香甜。黑刺李干还有收缩作用，可以治疗牙龈发炎。

木桩建筑里的住户们很早就把黑刺李果干当作冬季的维生素储备品。在发掘遗迹时曾发现了整整一车的黑刺李果核。著名的冰人奥茨也常常携带这种石器时代的零食作为自己的口粮。

人们在纺织时也喜好咀嚼黑刺李而产生津液。因为对纺织女而言，她们经常需要用口水舔手指而使丝线的手感更好。

石器时代饮食

年龄： 5 岁以上

材料： 黑刺李（及其他的野生水果，如山茱肉、越橘、野草莓、山楂）

石器时代的食物：收集黑刺李和其他野生水果，穿成串后在两个石头之间碾磨成果泥，或者放在太阳下晒干。食用新鲜的果实或晒干后作为储备食物。

用餐工具：叶子或平坦的石头盘子、可以当成勺子的贝壳或坚果壳、可以当成刀的灯芯草秆或边缘尖锐的石头、编制的草篮子、自己切割的木头工具。

种一种

饲养箱

年龄： 5 岁以上（在大人的协助下）
材料： 黑刺李、山楂和沙棘的幼苗

找一片光照充足的大面积区域。有间隔地沿着圆圈或正方形挖至少 1 米深的洞，放入幼苗。为了收获果实或观察动物们，需要保留入口，以免堵塞通道。

果园种植小贴士

- 人们可以在分类的苗圃中找到沙棘和黑刺李的幼苗。
- 从种子开始培育植物需要一番努力，而且时间也较长。
- 沙棘喜欢太阳照射和干燥的沙质土壤（经常用于固定斜坡），黑刺李喜光喜热。
- 最佳的种植时间是秋季。
- 沙棘富含匍匐茎，从单棵植物中就会生长出许多匍匐茎。所以，这种植物需要大量空间。
- 两种灌木都是极佳的绿篱植物，也就是说人们可以修剪这些植物，甚至能够将其修剪成篱笆墙。
- 两种灌木都可作为花园的观赏性植物：沙棘外形独特，黑刺李如同新娘的面纱。
- 两种灌木都是"保护动物的植物"：黑刺李和沙棘果可以为画眉和其他鸟类提供过冬的食物。

野蔷薇果——
红色小人儿

红色小外套，黑色小帽子，肚子装满了籽，这是什么呢？

如果用野蔷薇果来点缀花园，那会让冬季的花园绽放出绚丽的光彩。人们喜欢将野蔷薇果实作为冬季的健康甜品，其实它们也是许多动物的最爱。因为这个红色小人儿适合许多手工活动，所以它也激发了孩子们的兴趣。

通缉令

野蔷薇果
多种蔷薇的果实，尤其是野蔷薇

何处可以找到？
树篱、树林边缘和明亮的森林里。

枝干：有钩状尖刺。
叶子：有五个裂片。
花：五瓣花，颜色不同。
果实：多籽的聚花果。

有何特别之处？

- 花序中间的野蔷薇果（中心果实）明显较大，而且这种果实经常与其他的果实外观不同。
- 野蔷薇的树叶、萼片和花瓣呈五芒星（五角星）形，排列成螺旋形的一条线。
- 五个萼片没有一个是相同的。它们简单地从下至上呈螺旋形排列。

	四月	五月	六月	七月	八月	九月	十月	十一月
花　期		■	■	■				
果实期		·			■	■	■	■

水桶

"水桶"或者"小精灵"这两个名字都会让人联想到野蔷薇果圆滚滚的外形。

野蔷薇果的形状激发了手工活动的灵感：这个果实身体圆圆的，萼片就像是领子一样。水桶就差了一个头部，但是给它安上一个很简单。

水桶的外观和颜色也极为不同：根据不同的种类，它们有球形的、蛋形的、陀螺形的、梨形的，还有瓶子形的，颜色也有橙色、红色和黑色。有时候甚至还会有刺。柔毛蔷薇或日本蔷薇拥有很大的果实。

野蔷薇果除了可以制成小人儿或制作成有趣的眼睛，还可以充当首饰的制作材料。

动动手

大眼睛胖墩

制作有趣的旋转眼球非常简单：去掉萼片的野蔷薇果，从一个侧面看上去就像是长了黑瞳孔的红色大眼睛一样。

年龄：4 岁以上

材料：野蔷薇果、洗碗海绵（大苹果或聚苯乙烯微球）、牙签、两根烤肉串用的木签、防水记号笔、羽毛

将两根木签穿入洗碗海绵。将野蔷薇果切成两半，制成小脚，并用牙签插在海绵的反面固定。旋转木签后，大眼睛胖墩儿可以旋转眼睛还可以眯起眼睛。

要是大眼睛胖墩儿加上几撮头发，画上或者刻出五官的话，那它就更加可爱了。

动动手

多眼小魔怪

使用野蔷薇做的"有柄的眼睛"制作其他小玩具。

材料： 土豆、野蔷薇果、大头针（或牙签）、毡笔

土豆当作魔鬼的头部。插上至少四个野蔷薇果做的眼睛和一个野蔷薇果做的鼻子。画上或刻出嘴巴。

动动手

野蔷薇蜗牛

材料： 野蔷薇、蜗牛壳、大头针（或牙签）

将蔷薇果制作成蔷薇蜗牛。将蔷薇果塞进蜗牛壳但要保证能看到萼片。这样，萼片就成了蜗牛的触角。再将两个小一些的蔷薇果钉住，做成野蔷薇蜗牛的眼睛。

唱一唱

一个小人儿……

现在，这个答案应该已经一目了然了吧：这个站在森林的小人儿就是野蔷薇果，并不是蛤蟆君。因为只有野蔷薇果才会戴黑色的小帽子，其实也就是干了的萼片。这首著名的儿歌的第二段就揭露了这些内容。

1. 一个小人儿安静沉默地站在森林里。
他换上了一件紫色大衣。
猜猜看：这个小人儿是谁，他站在森林里，穿着一件紫红的大衣？
2. 一个小人儿直挺挺地站在森林里。
他头戴黑色的小帽子。
猜猜看，这个小人儿是谁，他孤独地站在森林里，戴着黑色的小帽子？
那个小人儿站得直挺挺，穿着他的紫红大衣，戴着他的黑帽子。
野蔷薇果就是他的名字。

多眼小魔怪

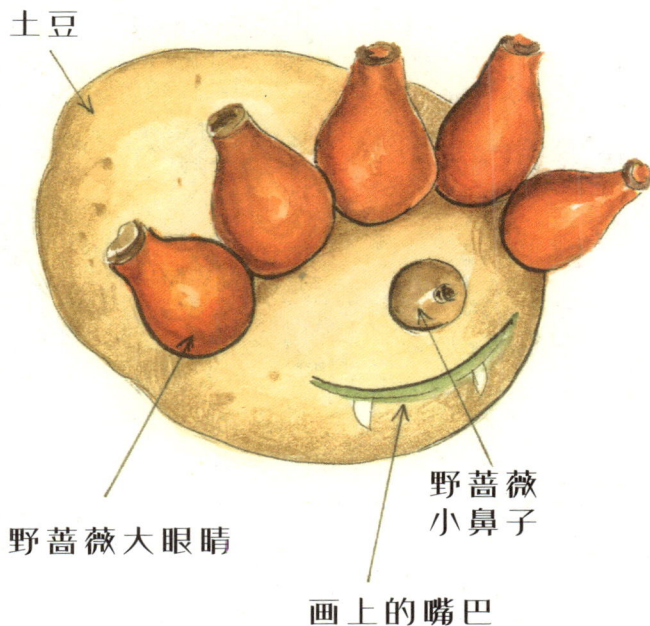

土豆
野蔷薇大眼睛
野蔷薇小鼻子
画上的嘴巴

野蔷薇蜗牛

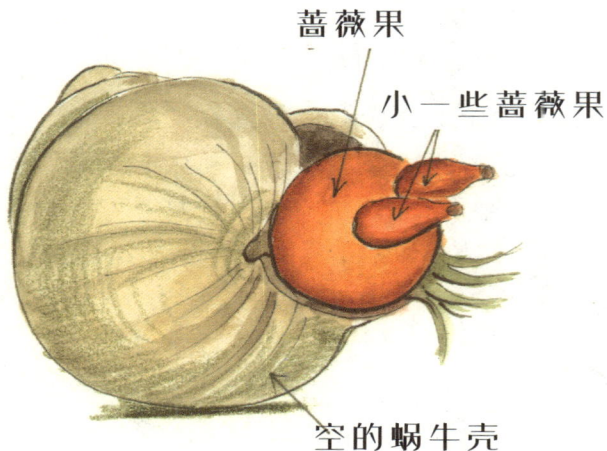

蔷薇果
小一些蔷薇果
空的蜗牛壳

更多小人儿

野蔷薇——制作活动和游戏的神器。
年龄：3 岁以上（根据不同的制作活动）

胖胖小人儿（非常简单的玩法）

材料：不同种类的新鲜野蔷薇果、花楸果、圆头大头针和不带圆头的大头针、土豆或其他的固体水果

用一根圆头大头针从萼片插进野蔷薇果，或者用大头针刺穿花楸果。野蔷薇果当作胖胖的身体，插着大头针的花楸果是胖胖小人儿的头部。大头针需要足够长，这样胖胖小人儿就可以在一个水果或土豆上，或在土地上散步了。

胖胖先生和胖胖女士在那里见到了他们的邻居，对彼此今天的打扮非常惊讶："你好，胖胖女士，你的这件漂亮的红裙子到底是哪儿买的……"

野蔷薇果王国（简单的玩法）

材料：硬硬的新鲜的不同种类的野蔷薇果、坚果壳、铁线莲的花序、大树叶、牙签、烤肉用的木签、可弯曲的铁丝、野蔷薇果的果核或其他种子、小羽毛、不透明颜料、毛笔

基本支架：
- 身体由蔷薇果制成
- 脸部由（塞入果肉中的）野蔷薇果的果核制成或用不透明颜料画上脸部
- 手臂和腿部由牙签和一半的小蔷薇果制成

动动手

国王家族的餐桌服务
（需要敏锐的直觉）

材料： 硬硬的新鲜的不同种类的野蔷薇果、牙签、可弯曲的铁丝、小刀、钩针

野蔷薇果天生长得就像合上的小罐子。通过轻微改动就可以制作成煮锅、烟斗、平底锅、碗、果汁杯或红酒杯。增加上牙签或铁丝做的把手、手柄、锅把和宫廷中要使用的其他东西。用钩针将野蔷薇果的果核去掉！用树皮和苔藓制作成房屋——野蔷薇果王国的居民们还要吃什么呢？

一起构思一个有不同角色的故事。野蔷薇果王国坐落在一个沙箱里、树墩上或在森林里。孩子们扮演故事中不同的角色。例如，王国受到了恐怖的水果巨人的威胁；有一个人的船在野蔷薇果王国搁浅了，他只能小心翼翼地在居民之间走动（格列佛游记主题）；或者因为国王与王后有了新的孩子，皇宫要举办一个盛大的宴会……

动动手

小小首饰作坊

年龄： 5 岁以上
材料： 新鲜的硬硬的野蔷薇果（霜冻之前，不要使用日本蔷薇的蔷薇果）、结实的细绳、针、扎花金属丝、卷曲的金线

最好在野蔷薇果的上端或下端扎孔。因为中间有果核，所以扎孔不那么简单。
秋天的项链： 将野蔷薇果用针和线串成一串。
红色爱心： 将野蔷薇果用扎花金属丝串起来。并弯曲成心形。
圣诞节星星： 用长条的野蔷薇果的宽边串成环形，用金线缠绕。还可以把它当成一盏小小的蜡烛吊灯。非常有圣诞节的气氛！

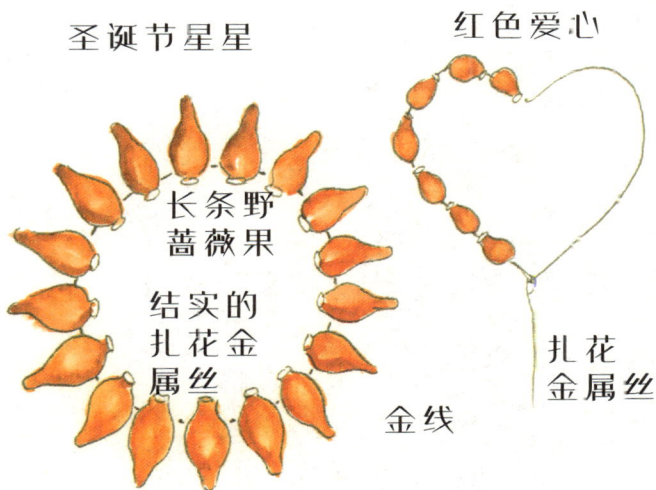

维生素炸弹

蔷薇果维生素 C 含量极高，因此，它是非常健康的果实。某些种类的蔷薇果，例如，"PiRo3"（皮尔尼茨维生素玫瑰）拥有比柠檬更高的维生素 C 含量。所以，它可以有效地治疗感冒。在取出果核之后，人们就可以食用生的蔷薇果了。霜冻后的蔷薇果拥有一种特别的口味。越晚采摘，蔷薇果就越甜。最棒的就是：整个冬天这种果实都生长在灌木上，而且大多数的蔷薇果在春天仍然可以食用。如果制成蔷薇果干之后就可以保存好几年。

圣诞节星星 长条野蔷薇果 结实的扎花金属丝 红色爱心 扎花金属丝 金线

尝一尝

蔷薇果芥末酱

年龄： 3 岁以上

材料： 生长在灌木上的经历了霜冻的野蔷薇果

经历了第一次霜冻后，野蔷薇果会变得很软，人们能很容易地摘下果实。果实会留下个口子——就像管子的开口。可以像挤芥末酱一般，（小心翼翼地）从果子下部将大部分无核的果酱挤出来。

直接把果酱挤到嘴里。味道酸甜，就像浆果果酱一样。

提示： 如果看到了果核就不要再使劲挤果子了——果核可能会让人发痒！此外：这个时间段的野蔷薇果可能会腐坏，食用前要闻一下味道。

其他的蔷薇果果酱： 清洗野蔷薇果，去掉萼片后切成两半，用钩针剔出果核。加少许水将蔷薇果煮软。然后过筛。可以加入糖调味。可直接食用果酱或夹入鲜花状的（五个花瓣的）黄油饼干。

毛毛的果核

蔷薇有独立的子房，带有小坚果（果核）。在果实成熟时，子房就落入了周围的花托中并将成熟的野蔷薇果染成红色。扎手的茸毛遮盖果核，它还会深入到果核中。皮肤接触到果核后会发痒。由果核制成的茶有利尿功效，还含有维生素 C。

在制作野蔷薇果果酱时，如果无法（用手或筛子）清除果核和大部分内皮，等到食用果酱后的第二天，就会明白野蔷薇果为什么也被称为"刺头"了。

从前，蔷薇果还是重要的冬季储备食品，那时有专门用来去果核和去皮的工具——绑在火柴棍上的尖锐的小钢丝圈。人们也会用发夹或钩针的一头作为工具。

尝一尝 & 摸一摸

毛毛的金色果核

感受和品尝蔷薇果的果肉。

年龄： 6 岁以上

材料： 蔷薇果、发夹或钩针

将蔷薇果切成两半，并且用发夹或钩针取出果核。

痒痒粉： 果核带有细小的钩状毛；要是接触到皮肤，它会让人发痒。要是把这样的果核塞进别人的领子里，效果就更加明显了。

提示： 注意过敏反应！

果核茶汤： 利尿的古老的家庭配方。将果核煮 10 ～ 15 分钟。倒入细筛摇晃并品尝。它会不会让你想起水泥的味道——但是谁会尝涂墙用的涂料呢？比起用蔷薇果果皮制成的汤料，它的味道到底是怎样的呢？

睡美人的房子——庇护所和食物

蔷薇果这个名字指的是生长在树篱（"围篱"）旁边的植物的果实（"犬牙蔷薇"）。就像是睡美人周围的野蔷薇，它们的倒刺驱退了许多的动物。

每年，蔷薇都会从根茎处长出拱形的朝外旋转的新枝。这些枝丫在木质化后迅猛地从根茎处冒出来，而且总是生长在蔷薇中间。一旦枝丫垂到了地面上，它就会深入土地，继续扎根并长出新枝。

蔷薇不仅是庇护所，蔷薇果还是许多动物过冬的食物来源。蔷薇果为许多的留鸟提供了富含维生素的食物。第一次霜降过后，果实几乎不会变软，蔷薇树就成了所有羽毛类动物的聚会场所。卵果蔷薇和丹麦幸运蔷薇的果实对乌鸦和山雀而言简直是太合胃口，太美味了。

相片主角

秋天的野蔷薇果不会掉落，所以它经常成为相片的主角。

年龄： 7岁以上

材料： 相机、自十一月起生长着蔷薇果的蔷薇

什么最适合充当相片的主角？

- 刚覆雪的、结霜的或结冰的野蔷薇
- 正在吃着蔷薇果的鸟类（由此就可以辨认出鸟类不喜欢哪些蔷薇果）

鸟类的聚会地点

蔷薇果不仅会吸引鸟类，而且也适合当各种鸟类的制作材料。

年龄： 6岁以上

材料： 不同种类的（硬硬的）蔷薇果、扎花金属丝、小羽毛、牙签

大蔷薇果充当鸟类的躯体，小蔷薇果就做鸟类的头部，花柄是鸟嘴和脚。

根据这些身体部分（部分用金属丝或牙签）组合的位置和方式，可以制作成不同的鸟类：鹤、勺鹬、麻鸭、麦鸡、鹬鸪、丘鹬、苍鹭、鹅、雕……或者是其他虚构的鸟类。

虚构的鸟类

勺鹬

苍鹭

鹤

雕

麻鸭

麦鸡

鹅

丘鹬

鹬鸪

彩虹

年龄： 5岁以上（在大人的协助下）
材料： 蔓生蔷薇"金翅雀"（放入锅里）、
蔷薇拱门

　　"金翅雀"是一种生长极快的蔓生蔷薇。
因此，这种蔷薇非常适合制成蔷薇拱门或篱笆。
六月时，它会开出成千上万朵小花，这些花刚
开始是淡黄色，然后变成奶油色，最后就成了
白色。如果不修剪已开放的蔷薇花，蔷薇在秋
天的时候就会被小蔷薇果渲染成亮亮的橙黄
色——因为这种蔷薇的德语名字叫作"金翅雀"，
所以，它对山雀或金翅雀而言尤其合胃口。

果园种植小贴士

　　多数的玫瑰不会结出蔷薇果，花朵的培育者们注意到这些玫瑰不生长花蕊而只生长花瓣，所
以这些玫瑰不会结果。

- 优秀的蔷薇品种大多数是保加利亚蔷薇、兰开斯特蔷薇和日本蔷薇或皱叶蔷薇。皱叶蔷薇
的原产地是东亚，由于它能够抵制汽车尾气，它总是被种植在街道的边缘。然而，有些地方由于
引入了这种玫瑰而产生了问题。

　　人们可以在分类的苗圃或玫瑰店中购买到这些蔷薇。

- 蔷薇的最佳种植季节是秋季。
- 如果蔷薇长出了蔷薇果，切勿剪掉已开放的蔷薇花。

接骨木——
生长着浆果的魔法灌木

　　无论在欧洲何地，都能看到接骨木，它们也总是与孩子们息息相关。毫无疑问的是，接骨木的很多部分都引起了孩子们的兴趣：香气宜人的可食用伞形花序、填满木髓的空心枝干、色彩斑斓的浆果，古老的接骨木更是攀爬游戏的天堂。而"霍勒灌木"也许就是格林童话中霍勒大妈住的地方。在那儿飘下的白色花絮成了雪花或是金子，而深色的浆果（它们的斑点几乎无法消除）就成了不幸。

通缉令

接骨木
接骨木属植物家族的冬季光秃的灌木或小型树木

何处可以找到？
潮湿的森林、树篱、边缘地带、瓦砾堆。

枝干： 光秃，充满了白色木髓，灰色，有臭味。
叶子： 羽状复叶。
花： 黄白色，香味浓郁，伞形头状花序。
果实： 带有 2～3 个核的黑紫色核果，消化传播（鸟类）。

有何特别之处？
- 绿色的叶子和枝干气味刺鼻。
- 接骨木包含花朵和成熟的浆果的所有部分在生的时候都是有毒的。
- 生长速度极快。
- 非常耐阴。
- 夏季时开始长出第一朵花，秋季时长出第一个果实。

	四月	五月	六月	七月	八月	九月	十月
花　期							
果实期							

甜甜的雪

夏初时节，人们需要像霍勒大妈一样修剪接骨木，但要保留芳香的花朵。在授粉之后，白色的花瓣就从花萼和子房上凋落了。成片的接骨木花瓣远远地望去就如雪花在风中飞扬。可食用的黄白色小花连接着伞形头状花序一起生长，像一个盘子。甜甜的令人陶醉的接骨木花朵的香味会吸引苍蝇、蚂蚁和甲虫，这些花朵可以制成适合冬季的花茶和果汁。如果想凑近好好闻闻这些花朵，鼻子会很容易蹭到花粉而变成黄色。

玩游戏

小花环

这是一款祖母辈的考验耐心的游戏，需要敏锐的直觉。

年龄：4 岁以上

材料：成熟的接骨木头状花序、结实的长草茎

将草茎穿过小花的孔将它们穿成一串。最后将草茎的两端打结，长草茎上的小花就变成了美丽的花环。

提示：成熟的头状花序最适合制作花环，这是因为这上面的小花几乎就要掉落了。这样的花朵有花瓣、雄蕊和所需的穿线孔。如果摘下花朵，花萼和子房还留在花朵上，这样编织花环会很费力。

尝一尝

小雪花波烈酒

适合孩子的使用接骨木花的配方。

年龄： 4 岁以上（在大人的协助下）

配料： 1.5 升水、1 千克糖、30 克柠檬酸、10 朵接骨木花（伞状花序）、大玻璃杯、筛子、漏斗、瓶子、矿泉水、大玻璃碗

将水加热并放入糖，搅拌糖水直到液体澄清，为制作糖浆做准备。冷却糖浆。在此期间可以摇晃伞状花序祛除昆虫，并同时将切成片的柠檬装入玻璃杯中。

往冷却的糖水中拌入柠檬酸，并且将所有糖浆浇到花朵上。将玻璃杯放在光照充足的窗台上，并每天均匀搅拌。五天之后将糖浆用筛子和漏斗倒入瓶子中。

以 1∶10 的比例将糖浆与矿泉水混合，装入大碗后撒上采摘的接骨木花（即雪花片）。

接骨木牛奶

配料： 5 朵接骨木花（伞状花序）、0.5 升牛奶、1 汤匙红糖

在牛奶中加入接骨木花和糖加热。（当牛奶可以饮用时）约 15 分钟后将花序滤净。牛奶会发出香草般的香味。

接骨木木质部

接骨木这个名字就能看出它的嫩枝是空心的。正是因为这个特殊之处，接骨木可以作为儿童玩游戏和变魔术的植物材料。使用接骨木可以制成哈利·波特魔法世界中神奇的魔杖。

每根树枝从外到内都分为四层：

1. 树皮层：有独特香味的灰蓝色外层；

2. 形成组织（形成层）：分离树皮和木质部的绿色薄层，人们可以容易地将刚剪下的枝丫连同树皮直接从木质部上揭下；

3. 木质层：浅色、坚硬且较重；接骨木木质部以前是制作勺子、梳子等的最佳品种木质；

4. 木髓层：白色，软，像海绵橡胶。用一把螺丝刀或细棍子就能剔出木髓——枝干就变成中空的了。

动动手

接骨木枝小作坊

一项难度从简单到中等的制作活动。

年龄： 5岁以上（部分在成人的协助下进行）

材料： 刚剪下的接骨木枝、柳树枝或榛子树枝、螺丝刀、儿童剪刀、小锯子、绢子、刷子、砂纸、菜油、不透明颜料、木工胶、在削去树皮层时可能需要土豆去皮器

接骨木链子： 将约手指粗的接骨木枝削皮，并锯成1～3厘米长的小段。用（适合树枝孔大小的）螺丝刀或结实的木棍剔出小段接骨木中的木髓。将圆柱状的木段打磨光滑，涂上喜欢的颜色，或者保持其自然的状态并加上润滑油，串成一条链子。

接骨木哨子： 切一段约2厘米粗、20厘米长的接骨木枝，并且将后半截的木髓剔出。先垂直再斜着切一道做成哨子孔。用其他木头切成一个小木塞。木塞的上边缘必须平滑，这样就可以塞进哨子里了，当推入木塞之后就可以完全塞住哨子孔（否则哨子就没声音了）。挖的哨子孔长短不同，哨子声音也不同。

木棍人偶： 找一节有三根树杈的细枝，将这根细枝截下约20厘米。将最末的树杈修剪到约5厘米，并将全部树杈去皮。（参考接骨木链子）在木头珠子上画上脸部，然后插在中间的树杈上。左边和右边的树杈就成了手臂。还可以给木棍人偶加上帽子和其他的配饰。

接骨木小鸡： 截下一段粗的树杈，可以做成小鸡的基本轮廓。将"基本轮廓的小鸡"削皮，刻出头部和身体后上色。可以截一小段树枝做成嘴，并用胶水固定。

古老魔杖： 截下约20厘米长、1厘米粗的接骨木枝，并用图案纸装饰树皮，将树枝的上半截掏空，做成魔杖的"把手"。将一根粗细合适的细树枝削皮并插入"把手"中。最好使用柳树枝或榛子树的树枝，因为它们没有木髓，所以更加稳固。

长枪： 将一根接骨木枝截成约10厘米长的两段并削皮。将其中的一段树枝掏空。将柳树或榛子树的细树枝插入另外一根树枝中，细树枝的尺寸与掏空的树枝相符。这样，就做成了接骨木果或花楸果子弹的枪杆了。

孩子们把果子塞到掏空的部分，然后用另外一端的枪杆投射出来，每次击中目标时会发出噼噼啪啪的声音。

刚被掏空的接骨木枝只需轻轻一抽细枝条就会发出响声。而这个"啪啪"的声音是由于管子里的气压过低造成的。

注意： 接骨木果实留下的污渍！

提示： 刚刚截下的枝干是最适合的材料。这种枝干的外皮较容易去除。而老枝干的外皮已经干枯而且十分坚硬，削皮时会非常困难。

玩游戏

接骨木魔法

魔法棒一挥，石头人就不见了：洪佩尔丁克的歌剧《韩塞尔与格雷特》中就出现了接骨木的魔法棒："骗人的接骨木把戏，定身术消失，赶快赶快！"

年龄： 3 岁以上

材料： 接骨木魔杖（参考之前的制作活动）、划了边界的空地

在孩子们中指定一个魔法师、一个施法者和三个石化的人。魔法师得到一根接骨木魔杖，而且不会被变成石头。所有的人都跑开。一旦石头人施法者抓到了一个人，那么这个人就无法活动了。只有魔法师用魔杖念咒语（骗人的接骨木把戏，定身术消失，赶快赶快！），才可以解除魔咒。

那么谁是赢家呢？如果所有的孩子都被变成了石头，石头人施法者胜利；如果所有孩子都可以自由活动的话，接骨木魔法师胜利。这样公平吗？

接骨木木髓

人们可以将接骨木厚厚的白色软木髓挤压出来。就像牛骨有使牛肉汤味道更加鲜美的骨髓一样，接骨木的木髓也有重要的作用：可以用显微镜将木髓嵌入到手工雕刻品中，物理学家会使用木髓来演示电荷之间力的作用，而钟表匠会将木髓作为清洁工具。为了得到圆润无损的木髓，人们会搜集之前的（已死亡的）徒长枝。徒长枝是从未生长过分蘖的树枝，大部分树枝高耸达一两米。这些徒长枝的木髓含量较高，而木质含量较少。

收获徒长枝最好是在晚秋至春季时树叶脱落之前进行，因为它们极其容易辨认。

徒长枝的出现是由于只生长短枝的老接骨木内浆液压力过高。生长徒长枝后压力会得到平衡。但是这些枝干不会成熟，而会在冬季冻死。

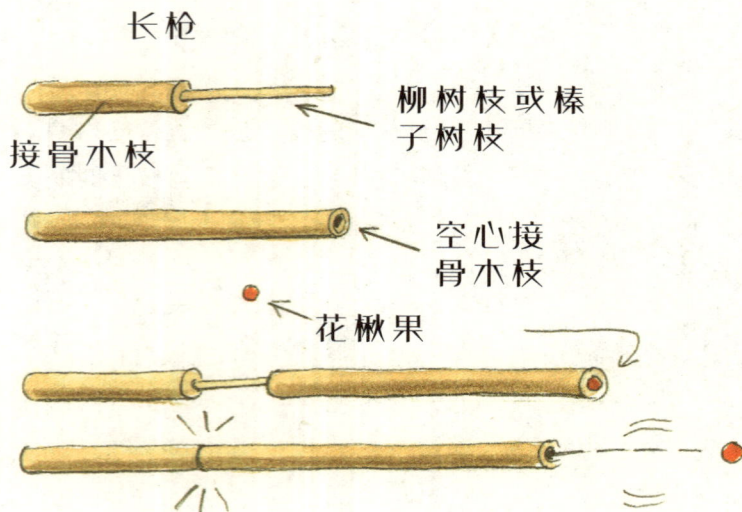

长枪

接骨木枝

柳树枝或榛子树枝

空心接骨木枝

花楸果

接骨木手机

接骨木奇迹

一个电学的简单魔术。

年龄：4岁以上

材料：平滑牢固的塑料薄膜（最好使用透视屏）、棉质毛巾、接骨木木髓、小刀、胶水、毡笔、硬纸盒、剪刀

这里可以使用在接骨木枝小作坊中获得的木髓。

将接骨木的木髓扯成一个个小球状，然后放到干燥的桌子上。用棉质毛巾摩擦塑料薄膜，并将薄膜放到木髓小球的上方。

发生了什么？小球马上就跳到薄膜或棍子上去了，一会儿之后它们就又落下来了，然后又跳上去，又落下来……

这是为什么呢？通过摩擦玻璃或塑料薄膜产生了电荷，这导致了小球跳上跳下的运动。

游戏 1：站立的小矮人

每个孩子根据图示将一小段木髓刻成小矮人的模样，用毡笔上色并给它贴上一个薄薄的木髓片。这样它就能站住了。每个孩子得到一块棉质毛巾和塑料薄膜，把自己的小矮人放到桌子上。当游戏主持人宣布开始后，孩子们用薄膜和毛巾让他们的小矮人站起来，但不允许触碰小矮人。第一个成功地让小矮人站起来的人，就是胜利者。当然也可以进行好几轮这样的游戏。

游戏 2：钓笑脸

孩子们将木髓切成小片并画上笑脸和哭脸（比例为 7:3）。将笑脸和哭脸的圆片放入向上敞开的硬纸盒中。与一般的钓鱼游戏不同，孩子们要用（粘了胶带的）塑料薄膜"钓鱼"。钓到笑脸的加分，钓到哭脸的减分。

哪个孩子"钓到了"最多的得分？

笑脸

用毡笔绘
木髓片上色

站立的小矮人

裁剪木髓段
并上色

木髓片

黑色接骨木——有色的果实

接骨木的果实颜色为黑紫色，而果汁为深紫色。在罗马时代，女人们就将这种果汁用来染发，同时它还有护理和增强发质的作用。

接骨木果可以制作红色、蓝紫色，甚至是黑紫色的染料。"黑色接骨木"这个名字就是这样得来的。接骨木果的果皮染色最浓。

动动手＆试一试
浆果颜料游戏

接骨木果可能会弄脏衣服！

年龄： 3 岁以上

材料： 白色（脏脏的、旧的）T 恤衫、毛笔、小筛子、煮锅、成熟的接骨木果

将果实从花序上摘下，并（可能需要加极少的水）煮软。冷却果子糊后过筛。因为果皮的颜色最浓，所以将果皮充分挤压。现在，奶油状的浆果颜料几乎就已经制作完成了。孩子们可以用接骨木颜料在 T 恤上画画，或者用它蜡染。

颜料根据浓度会呈现出深红色、紫色或黑蓝色。在清洗过后，颜料会稍稍褪色，呈蓝灰色。如果在清洗前用熨斗定色的话，颜料褪色不会那么严重。因为接骨木颜料不会消失，所以 T 恤上的图案会一直保留。

尝一尝
紫色布丁

年龄： 4 岁以上（在大人的协助下）

材料： 接骨木果、500 毫升水、1 根肉桂棒、2 颗丁香、200 克糖、4 汤匙香草布丁粉、若干牛奶、筛子

从花序上摘下接骨木果，加入糖和香料将果实用水煮开，并在沸腾后继续煮二三十分钟。

然后用筛子挤压过筛。将得到的果汁拌入混了牛奶的布丁粉，并再加热直至液体变浓稠。

提示： 接骨木果在煮的过程中起泡较多，容易溢锅。

唱一唱

绕成一圈

许多地方有自己的方言版本，而且会导致内容上的偏差：施瓦本语、阿尔萨斯语、巴伐利亚语、北黑森语……我们试一下"北部德语版本"。

年龄： 2 岁以上

环绕，环绕成一圈，
三个孩子围一圈，
接骨木下环环坐，
一起来喊"快快快"。

孩子们站成圈，看着中间，手拉着手在圆圈中一起唱歌。当唱到"快快快"时，大家要马上蹲下。

种一种

接骨木插枝

年龄： 5 岁以上

材料： 接骨木枝条、园艺剪刀、玻璃水杯、花盆、花土

　　盛夏时在半木质化处剪下 10 厘米长的枝条。剪去一半枝叶，这样枝条就不会吸收太多的养料。将枝条插在玻璃水杯中，并放置在温暖的光照处。只要植物长出了美丽的根，就可以把它插到花盆中了。如果接骨木足够大，可以把它移栽到离人类较近的土地中。

尊敬的庇护所先生

　　北欧有许许多多有关接骨木的故事，大多数的故事都与魔法有关。对于许多人而言，接骨木由于构成了众神的住所而变得极为神圣。日耳曼人和凯尔特人认为小矮人们喜欢待在接骨木的阴影下。"在接骨木之前，人们需要脱掉帽子"，人们之前这么说过——这意味着，接骨木赢得了极大的尊敬。对于孩子们而言，它还是极佳的庇护所——所以才会有这样的游戏歌曲："环绕，环绕成一圈，三个孩子围一圈……"（参考前页）

果园种植小贴士

- 在各个苗圃中都有接骨木幼苗：许多接骨木幼苗是移植（并非直接栽培）到花园的。
- 因为接骨木喜欢密实的土壤，所以黏土质的土地和靠近人类的场所是最佳的生长地点。
- 接骨木喜欢光照充足的地方，但是它也可以在避光处（7% 的光照）生长。
- 接骨木生长能力强，几乎像杂草一样。长大的接骨木需要进行修剪，但它仍然会长出许多新枝。
- 如果接骨木被砍倒了，树墩会继续长出新枝。在几年之后，它就又长成一棵树了。
- 接骨木需要许多的空间。
- 接骨木可以通过播种（低温发芽）或插枝繁殖。

醋栗——
红珍珠与黑珍珠

在夏至日那一天，红珍珠与黑珍珠就成熟了。因为红醋栗的口味比黑醋栗更加温和，所以小孩子们更喜爱红醋栗。而黑醋栗香味独特，加工后口味更佳。

通缉令

红醋栗／白醋栗

醋栗
冬季裸露灌木、茶藨子属

在哪儿可以找到？
灌木丛、树林边缘，栽培植物。
茎干：带刺或无刺。
叶子：3～5片瓣状叶。
花：在悬挂的花序上生长的极微小的绿黄色钟形花朵。
果实：含3～100颗种子的果实（种子外壳黏滑）。

黑醋栗

有何特别之处？
- 醋栗还被称为鹅莓、刺莓。
- 大多数的红醋栗为鲜红色，只有少数为粉红色和白色。
- 这些带刺的嫩芽是附生植物，天生喜欢（攀爬）生长在杨柳上。
- 醋栗多为杂交品种。

	三月	四月	五月	六月	七月	八月	九月
花　期							
果实期							

红珍珠

采摘醋栗时不用叉子会非常有趣。只有那些吹毛求疵的人们不愿触碰浆果所以才会用叉子。当指间的红珍珠滚落入碗中时，感觉会很奇妙。不管是完全成熟的还是生的醋栗，都非常有益于健康。它们富含维生素，尤其是维生素C，此外还含有矿物元素（钙、铁和镁）。

人们可以在醋栗成熟很长一段时间之后将它毫无缺损地摘下。越晚摘下的醋栗，口味就越甜，香味也越浓郁，但果胶成分也就越少。因此：如果要制作果酱，应较早采摘醋栗；但如果想食用新鲜的醋栗，就尽量晚一些采摘！

看一看，闻一闻 & 动动手

防蛀香包

年龄： 5岁以上
材料： 黑醋栗果和叶子、放大镜或入射光显微镜、细绳

用放大镜观察黑醋栗的果子或叶子：肉眼所看到的黄色斑点其实是黄色的油腺。摩擦之后香味会变浓，而且能看到油的痕迹。

防蛀香包：将树叶背面朝外，将若干大的醋栗叶子折叠成一个正方形的小香包，然后用细线绑住。风干后放入衣柜。可以用来防蛀。

试一试，摸一摸 & 尝一尝

榨汁机

一个简单而又受小朋友喜爱的方法。
年龄： 4岁以上（在大人的协助下）
材料： 约1千克的完全成熟的醋栗、纱布、细线、四脚板凳、碗、若干糖和水

将若干糖和水加入醋栗煮一会儿。在此期间可以准备制作"榨汁机"了：将四脚板凳的四个凳脚向上放置。在凳脚处各绑住纱布的四个角，这样就构成了采集面。在下方放置一个碗。将煮过的醋栗倒到纱布上，然后让它的液体流动数小时。可以拧一下纱布来挤压出最后的果汁。

用冰箱保存果汁的时间有限，新鲜时饮用最佳！

黑珍珠

在黑醋栗果实中和叶子的背面分布着黄色的油腺。它们排放出芬芳的果油，散发出黑醋栗独特的气味。对于一些人而言，它闻起来像是夏天的味道，而另一些人认为这些气球像是臭虫和猫咪。从前，人们会在衣柜和橱柜里放一些树叶用来防蛀。红醋栗的油腺较少，所以它的气味也更加温和。

黑珍珠的维生素 C 成分极高，并含有用作深色染料的花色素苷。花色素苷还是一种久经考验的止咳药。

玩游戏

黑醋栗眼球

续写（魏欧拉·盖瑟尔布莱希特的）故事：在这扇门后会发生什么？

在一个昏暗的早晨，艾米丽走在上学的路上……

她从邻居家的灌木丛中摘了一颗黑醋栗，不过这颗黑醋栗似乎变得越来越大了。

它长啊长啊，直到变得如巨大的眼球一般。

然后，艾米丽就发现了这只眼球里有一扇门。她小心翼翼地推开门走了进去。

门里面好黑好黑，她几乎什么都看不到。

她跌跌撞撞地走着，直到又遇到了另一扇朝着外面的门……

尝一尝

大理石冰淇淋

香草和黑醋栗是完美搭档：不只是颜色上的匹配，香草还会减少黑醋栗涩涩的味道。

年龄： 4 岁以上

材料： 冰淇淋磨具（可以用空的水果酸奶盒和筷子）

配料： 300 克黑醋栗、2 汤匙糖、1 杯香草酸奶

清洗醋栗。加入糖和少量水煮一会儿并过筛。然后冷却。

将醋栗酱和香草酸奶混合并轻轻搅拌。将混合物放入冰淇淋模具中，放入冷冻室过夜。

尝一尝

烤醋栗眼睛

小朋友也能做的点心！

年龄： 4 岁以上（在大人的协助下）

配料： 醋栗、120 克全麦粉、75 克 黄油、2 包香草精、1 汤匙蜂蜜、1 个蛋黄、勺子

将所有配料捏成一个面团（黄油切成小块，无须放软）；将面团放入冰箱 1 个小时。

将面团分成杏仁大小的几个球。将每个小球制成一个眼睛，用勺子在中间按一下，然后塞进一颗醋栗当成眼珠。放在烘焙纸上，放入烤箱中。180 摄氏度烘烤大约 10 分钟，直至变成金黄色。

看一看 & 尝一尝

止咳糖浆

就这样，糖融进果汁里了！

年龄： 4 岁以上（在成人的协助下）

配料： 250 克黑醋栗、250 克冰糖、带塞子的玻璃瓶

清洗醋栗。一层一层用冰糖填入到玻璃瓶中。放在阴凉处（例如，地下室）直到十二月。冰糖慢慢吸收了醋栗变成果汁，并溶解在果汁中。圣诞节的时候倒一杯满满的果汁。醋栗变得很小很硬，还皱皱的，漂浮在果汁表面。撇去这些醋栗，享受一下糖浆。即使不咳嗽也是一款美味！

种一种

栽培珍珠

有红色、粉色、白色和黑色的醋栗。

年龄： 5 岁以上（在成人的协助下）

材料： 不同种类的醋栗幼苗、铁锹、复合肥、光照充足的土地

防鸟的牌子：大榛子树墩、木板、钉子、斧子、丙烯颜料、细线、木珠、羽毛等

将幼苗插成一个圈，间距至少为 1 米。围着幼苗撒上复合肥或腐叶土，这样可以为土壤保湿。在收获果实的时候就可以卖"栽培珍珠醋栗"了。

制作一个牌子：将木板钉到榛子树墩上，并且写上"珍珠醋栗栽培"。插在醋栗木中间。挂上涂画成粉红色、红色、白色和黑色的木头珠子，牌子上加上彩色羽毛还可以防止鸟类来啄食。

果园种植小贴士

- 醋栗喜欢凉爽的气候和光照充足、防风的地方。
- 醋栗灌木是浅根植物，在灌木丛周围最好铺一层地膜（例如，利用草坪的废弃物）。
- 最佳种植季节为秋季。
- 因为鸟儿积极地采集成熟的红醋栗，需要在上面铺一层保护网。
- 栽培醋栗需要一定的耐心：春天时修剪（覆盖了苔藓的）旧枝。最好只留下五根枝条。

森林与草原里的水果

　　森林和草原不只是休闲放松的地方，也是长有许多水果和药草的巨大苗圃。这些水果不仅对人体有益，寻找和采摘水果的过程本身也是一个体验大自然的好机会。许多果园栽培的水果其实都可以在森林中找到原型，但是长在森林中的水果会散发出更为芬芳的气息。快带上小篮子开始采摘之旅吧！

草莓——
孩子的最爱

　　咬一口新鲜摘下的草莓，满满的幸福感在孩子们心中溢开，这是糖果也无法带来的愉悦。森林草莓的芳香是人工栽培的草莓所远远不及的，它的结果期也要更长一些。人工培育的草莓往往只是在短时间内掀起一阵狂热，很快就销声匿迹了。

通缉令

森林草莓
蔷薇科草莓属，多年生草本植物

何处可以找到？
光照充足的森林中和森林边缘地带。

叶子： 分成三个部分，长柄，背面有细小茸毛。
花： 白色，每朵花有五瓣花瓣，借助昆虫来传授花粉。
果实： 聚合果（每颗草莓上大概有两百个小果）。

森林草莓的果实

小果

白色束状物　　　　果肉

	三月	四月	五月	六月	七月	八月	九月
花　期							
果实期							

有何特别之处？
- 草莓种子传播方式主要有两种，一种是靠动物吞食及排泄传播，另一种是黏附于动物或人类进行传播。
- 森林草莓的维生素 C 含量很高。
- 麝香草莓和绿草莓是两种较为罕见的森林草莓品种。
- 高山草莓是由森林草莓变异而成，大约在霜降天气到来时结果。
- 晚秋时，草莓叶子会部分变红，整片草莓田看起来就像草莓又成熟了一样。

聚合果女王

我们所吃的草莓实际上是聚合果：膨大的花托包裹着许多的子房从而形成了草莓。授粉之后，花瓣渐渐枯萎凋谢，花托则慢慢膨大，变成了草莓果肉，这些小小的子房发育成了真正的果实，裹着硬硬的外壳，一颗颗嵌在果肉上。

萼片不会凋谢掉落，它紧紧贴着果肉，就像是一顶小冠冕，这是我们把草莓称为浆果女王的又一个原因。萼片能够把维生素、营养和香气牢牢锁在果肉中，最好在清洗或者食用前再把萼片摘掉哦！

看一看

果实内部

年龄：5 岁以上

材料：人工栽培的草莓（因为个头更大，便于观察）、小刀、放大镜

将草莓纵向切开，可以看到什么呢？

- 果肉 = 膨大的花托
- 亮色的小颗粒 = 小果，小果其实是真正的草莓果实，一颗颗嵌在草莓果肉上
- 白色束状组织 = 将养分传送到种子的运输线，连接着果心和种子
- 小冠冕 = 萼片，草莓花的残留部分

动动手

草莓小矮人

草莓就像是戴着帽子的小矮人，藏在白色的草莓花中。

年龄：3 岁以上

材料：松果（尽可能选择闭合的松果，先用水打湿）、防水颜料、画笔、钻孔的木球（大约 1 厘米）、绿色绒绳、红色和绿色的毡布、胶水

在松果的顶部，包括松果柄描上绿色的王冠，余下的部分涂成草莓红，颜料干透后，在松球上画上黄色的小点。

把木球放在松球柄上，用胶水粘起来，在木球上画上五官，再用红色或绿色的毡布做成小帽子粘在木球上，小矮人的头就做好了。用绿色绒绳做成四肢，插在松果上并用胶水粘牢。

松果干透时，看起来就像是一颗小小的草莓石。用水打湿之后，它又变成了一个水灵灵的草莓，草莓小矮人最喜欢待在野外，这样它就能享受阳光和雨露了。

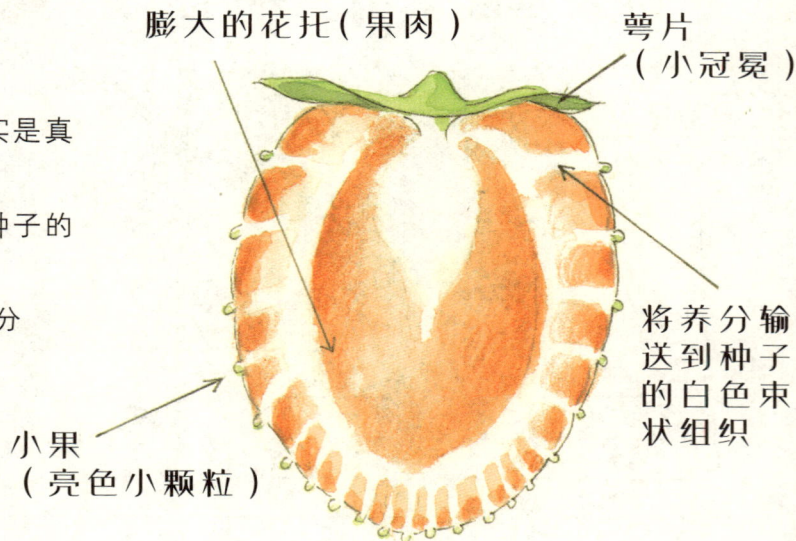

膨大的花托（果肉）　　　　萼片（小冠冕）

将养分输送到种子的白色束状组织

小果（亮色小颗粒）

好美味的小个子

年龄： 3 岁以上

材料： 深一点的糕点模具、鸡蛋杯、烧酒杯、硬实的植物茎秆（比如芦苇秆）

小矮人都吃些什么呢？

矮人国王最爱的草莓杯

配料： 草莓、细砂糖

把草莓放在糖中腌半个小时后进行搅拌，然后装入鸡蛋杯中。

小矮人蛋糕

面团配料： 100 克面粉、40 克糖、盐、1 千克鸡蛋、60 克黄油

馅料配料： 100 克糖、1 杯生奶油、500 克凝乳酪、草莓、巧克力碎、其他小浆果

将所有面团配料混合搅拌，放入冰箱中冷藏 30 分钟。之后将面团取出，擀平并压模后放入已经预热好的烤箱中烘烤 8 分钟（200 摄氏度）。将烘烤完成并已经冷却的蛋糕底胚放入相应的模具中。

生奶油里放入适量糖打发，拌入乳酪。把调制好的馅料倒入模具中，再冷藏片刻。将凝固成型的蛋糕取出，脱模后用草莓、巧克力碎和其他浆果装饰，小矮人专享的蛋糕就做好啦。

迷你酷饮

配料： 80 克草莓、2 汤匙糖、0.5 升苹果汁、0.5 升矿泉水、香蜂草、迷你小冰块

把糖洒在草莓上，淋上苹果汁，放入香蜂草，静置 2 个小时，让各种味道能够更好地融合。饮用前加入矿泉水，将饮料倒入烧酒杯中再加点迷你冰块，喝起来会更具风味哦。

小红帽串

摘一些森林草莓，用芦苇秆（或者类似的植物茎秆）把草莓穿成串。

提示： 因为森林草莓上可能会附着绦虫虫卵，虽然在健康的肠道环境中虫卵一般不会孵化成虫，但是出于安全考虑，在食用森林草莓前最好还是仔细清洗一下。

矮人宴

抽签选出矮人国王，由他来把准备好的菜肴分给他的臣子们。大家戴上红色的小毡帽（国王的毡帽上要加一个王冠，以表明身份）。摆上婴儿使用的刀叉跟碗碟，"矮人宴"就可以开席了。小矮人们当然是小口小口地吃啦！

闻一闻 & 尝一尝

草莓制品

分辨气味和味道。
年龄： 3岁以上
材料： 草莓酸奶（含有草莓果肉）、原味酸奶、新鲜的森林草莓以及人工栽培草莓若干、糖若干、搅拌棒

将新鲜的森林草莓或人工栽培的草莓放入酸奶中，碾碎搅拌一会儿，如有需要可以加入一些糖来调味。一份自制的草莓酸奶就做好啦。闭上眼睛，分别品尝自制的酸奶和购买的草莓酸奶，气味和味道上有什么不一样呢？

玩游戏

草莓太阳

用草莓来创造大地艺术。
年龄： 3岁以上
材料： 接受了充分日照的成熟草莓（也可以用森林草莓——不过这样的话太阳就变小了哦）、湿润的绿色底图（苔藓地、绿色毛巾）

让孩子们把草莓放在绿色的苔藓地或者毛巾上摆成太阳的形状，将草莓尖尖的一端指向太阳中心。

从野外到庭院 —— 草莓大搬家

随着美洲大陆的发现，两种大果草莓也被发现了：来自南美的智利草莓和来自北美的弗州草莓。由这两种草莓杂交长出的凤梨草莓是欧洲庭院草莓的经典品种，它的味道和成熟的凤梨极为相似，所以被称为凤梨草莓。因为这次成功的杂交，十八世纪之后，人们几乎就不再栽培森林草莓了。尽管如此，一直到二十世纪，森林草莓还是要比庭院草莓便宜，森林草莓往往是由孩子们去采摘的。从七十年代起出现了可供顾客自己采摘的草莓园，这给孩子们带来了极大的乐趣，也保证了草莓的新鲜度。

草莓熊

草莓熊虽然是熊族的一员，但却是一个全新的品种。其他的熊都可以尽情奔跑行走，而它的行动却极为缓慢（花上好几个月才能挪动一点点）。成年的草莓熊有着红色的皮毛，喜欢戴一顶绿色的帽子。它的天敌是小鸟、乌龟还有人类，找到草莓熊会让他们开心不已。

年龄：3 岁以上

可食用的草莓熊所需材料：人工栽培的草莓、杏仁片或者南瓜子、葵花子仁、醋栗或类似的浆果

选一大一小的两颗草莓，用牙签把它们尖对尖串在一起。用葵花子仁和醋栗作为鼻子和眼睛，安在小草莓上，将杏仁片或者南瓜子做成熊耳朵插在两边，草莓熊的头部就做好了。大草莓则作为熊的身体，它有着杏仁片或南瓜子做成的爪子。

玩具草莓熊所需材料：松果、颜料、画笔、木球（大约 1 厘米）、手工毡布、胶水、小木片（例如树枝切片）

草莓熊的头部跟身体的制作跟草莓小矮人是一样的：把松果刷上草莓红，用红色的毡布来制作熊的脸、耳朵和爪子。为了保持稳固，将草莓熊用胶水粘在木片上。

让我们来讲一个关于草莓熊的故事吧！

在很久很久以前，有十只草莓熊，它们正在长途跋涉，想要找到另一片同样居住着别的草莓熊的地方，因为只有它们十个小伙伴实在是太孤单了。在经历了五年的艰辛旅程之后，它们终于远远地看到了一片辽阔的田野，田野上隐隐闪着红色的光。三天后，它们终于到达了那片田野，可是刚刚靠近，它们就听到了激动的叫喊声："快走！你们快走！""藏起来，赶快！赶快藏起来！"但是一切都太迟了：一个巨人出现在田野上方，他的巨手一把抓起了所有草莓熊，扔进了一个巨大的红色洞穴里——十只草莓熊就这么消失在洞穴深处。

将十只草莓做成的草莓熊排成一列，一边讲着故事，一边挪着它们慢慢向前，最后让孩子们一把抓起草莓，塞进嘴里吃掉。

牙签

种一种

草莓桶

种在小孔中的草莓，有时候会调皮地从另外的小孔中冒出来，草莓桶是小花园或者天台的最佳选择！

年龄： 5 岁以上（桶的加工制作需要大人的协助）

材料： 废弃的木桶或塑料桶、锯子、碎石或鹅卵石、铁丝网、肥沃的盆栽土、草莓苗

在桶上开几个直径 8 厘米大的圆孔，孔之间的间隙为 30 厘米，每排之间间隔 20 厘米。在桶的底部也钻一些小孔，然后在桶底铺上一层碎石。将铁丝网做成长约 10 厘米的管子，垂直放在桶的中央，用碎石把管子填满。一层一层地用土把桶填满，每铺好一层土就往桶里浇一点水。在每一个孔里种一株草莓苗，桶面还可以栽四五株草莓。

提示： 陶制的草莓罐并不都适宜草莓生长，大部分罐子对于草莓来说还是太小了。最好选择大型的陶罐，里面栽上几株绿草莓（绿草莓比庭院草莓的适应性更强一些）。

如果没有旧桶，也可以用花盆来种草莓，大家一起用红砖砌一个草莓桶也是不错的哦。

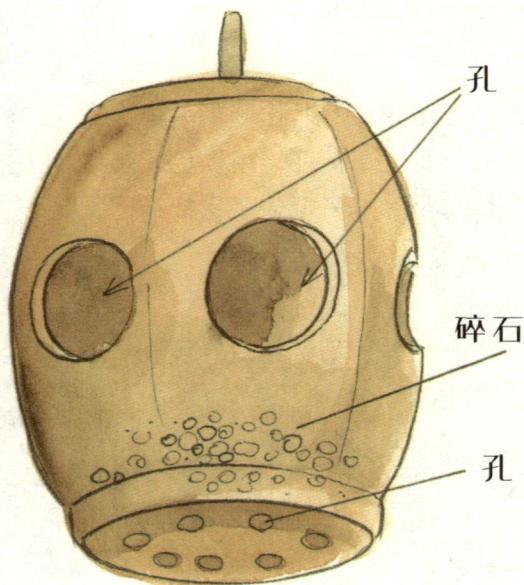

香香的小草莓

在小小的森林草莓中蕴藏着极大的芳香宝库，多种糖分、果酸和三百多种芳香物质形成了草莓独特的风味，而其他水果，例如樱桃的口味，仅仅有两三种物质构成。

草莓不易贮存，从摘下到食用最多只能保存三天的时间。为了延长草莓的保鲜期，人们不断地在试着培育抵抗力更强的品种，同时还要在最大限度上保留草莓的滋味。只有少数几种人工种植的草莓保留了森林草莓的独特味道（例如覆盆子草莓），因为太易损，无法运输，它们都没法在市场上见到。

用一种长在木质纤维上的菌类可以制作出具有草莓香味的物质。因为水果不够或者成本太高，这种草莓香精有时会被用于食品中，例如水果酸奶，这类产品被称为"草莓制品"。

孔

碎石

孔

草莓的"脐带"

草莓是会移动的，虽然是多年生草本植物，草莓的根系却扎得并不深。草莓会不断长出匍匐茎，这些匍匐茎就像是脐带一样不断给草莓供给养分。靠近地表的枝节处会抽生出丝状的嫩芽，这些嫩芽最终可以长成两米半长的匍匐茎。

长出根的匍匐茎一旦寻找到合适的地点，就会将根扎在这儿，生出新的匍匐茎子苗，至此，匍匐茎就完成了它作为"脐带"的使命，渐渐枯萎了。凭借着匍匐茎，森林草莓可以很快就占领一片光照充足的土地。

果园种植小贴士

- 最简单的办法当然是把草莓苗直接从野外采回来，种在花园里（在伐木后的第一年里，树桩周围和树桩上很容易长出森林草莓）。
- 和森林草莓相似的绿草莓很容易在苗圃里找到。
- 草莓栽植成功后繁殖得很快，因为它们会不断长出匍匐茎。
- 草莓能够在台阶缝里、树桩上、桶里、罐子里茂盛生长，在浆果灌木丛中的长势也良好。
- 喜欢半阴或者光照充足的环境，不要用石灰岩成分含量高的土壤。
- 庭院草莓的种植方法类似，但是需要更多的精力去呵护。

越橘——
森林中的蓝色金子

　　古时候，越橘在很多地方都是一种很好的营生之物。人们把越橘采摘下来，然后拿到大城市去贩卖。现在，越橘作为珍贵的食用材料被广泛用于厨房或工厂。越橘还可以作为染色剂。此外，越橘对健康也是很有益的：多吃越橘果，医生远离我。

通缉令

蔓越橘

越橘
杜鹃花科越橘属，落叶灌木

何处可以找到？
多酸性土壤并且光照充足的森林，灌木林，沼泽。

枝干：树枝尖锐，常年保持绿色。
叶子：夏季叶子为绿色，冬季落叶，叶片为卵形，边缘为锯齿形。
花：绿色钟形花朵，常常会透出淡粉色。
果实：球形，蓝黑色，果皮上裹有一层果粉。

越橘

有何特别之处？
- 越橘生长于北半球，从平原到高山，甚至在寒冷的苔原带也有它的踪迹。
- 越橘的枝干在冬天也保持着绿色，持续进行光合作用。就算在低温或者冰雪的环境下，它也可以吸收水分。
- 越橘的生长速度很快，一棵越橘树可以繁殖至一公顷。越橘树的生命周期可长达一千多年。

	四月	五月	六月	七月	八月	九月	十月	十一月
花 期								
果实期								

变色游戏

越橘的果皮上有一层果粉，正是这层果粉赋予了越橘如此特别的蓝黑颜色。在显微镜下可以看到，这层蜡质的果粉聚集并附着在果皮上，很容易就可以擦掉。擦掉果粉后，越橘就变成了黑色。

越橘汁是暗红色的，遇碱（比如在口中或牛奶中）会变成蓝色。只有在吃野生越橘的时候，舌头和牙齿才会被染成蓝色。人工培育的越橘原本是来自北美，经过培育后它的果肉变成了白色。这种人工培育的越橘虽然个头更大，但是果香不及野生的越橘。

越橘中的色素名为花色素苷，它是上述变色游戏的主角。花色素苷可以作为纯天然的染料，也有抗炎镇静的作用。

新鲜的越橘具有润肠通便的作用，越橘干则因为其中包含的鞣酸物质，具有止泻的作用。在腹痛或腹泻时，一杯越橘茶可以起到不错的疗效（将一汤匙越橘放入水中，煮开即可）。

越橘牛奶

由红变蓝的奇妙牛奶。

年龄：3岁以上（需要大人的协助）

配料：250克越橘、1升牛奶、适量糖、若干人工培育的越橘、搅拌棒

将越橘稍微清洗后用搅拌棒碾碎，我们就可以得到暗红色的越橘果汁。加入牛奶之后，颜色就变成了蓝色，加入适量糖调味。

用同样的方法把生奶油加入越橘汁中会得到另外一种颜色。如果用人工培育的，蓝色则不会有颜色变化。

越橘的颜色

年龄：5岁以上

材料：越橘干（在改良食品商店或者药店可以购买）、三个玻璃碗、水、醋、小苏打、鸡蛋

玻璃碗中分别盛入水、醋和苏打水。把越橘干放入三个玻璃碗中，我们可以看到，水渐渐变成了紫红色，醋变成了红色，苏打水变成了蓝灰色。这是为什么呢？因为越橘中存在着一种色素，名为花色素苷，花色素苷是水溶性的，在遇酸或遇碱时会呈现出不同的反应：遇酸则变成红色，遇碱则变成蓝灰或绿色，遇到中性物质则变成紫红色。

煮红皮鸡蛋时放入一把越橘干，蛋壳会变成美丽的深褐色（像扁豆一样）。

水果篮子

越橘和蔓越橘表皮都覆盖着一层蜡质。用染色的蜂蜡可以做成上千个真正的浆果。

年龄： 3岁以上

材料： 蜂蜡做成的制模蜡（用植物染料着色——可在专门的商店购买，也可用橡皮泥代替）、火柴盒、画图用纸、剪刀、胶水、毡笔、红色和蓝色的薄纸

用制模蜡或橡皮泥揉成蓝色（越橘）和红色（蔓越橘）的小球。把火柴盒的内部做成一个小篮子，用画纸做成红色和蓝色的把手。给装越橘的小篮子粘上蓝色把手，装蔓越橘的小篮子粘上红色把手。在小篮子外部画上相应的水果图案，底部糊上薄纸后把小球放入小篮子中。

越橘梳

越橘梳指的可不是越橘做成的梳子，而是用来摘越橘的一种工具。摘越橘是一项体力活，为了在最短的时间内摘到最多的越橘（例如为了出售），人们发明了各种采摘工具，越橘梳就是其中一种。越橘梳是一个前方和上方开口的小木箱（后来又发明了铁皮做成的越橘梳）。箱子上方装了一个木把手，底部则是由梳齿组成（最早是木制的，后来出现了铝和钢制成的梳齿）。将越橘梳顺着枝条"梳理"，叶子纷纷从梳齿中筛过，而果子却留在了箱子中。当然，还要再把这些果子拣选一遍，把小叶子、枯枝和小蜗牛等一些杂物挑出来。在以前，这项工作大都是由老人来做的，因为他们可以长时间坐着。采摘时用湿木板可以帮忙省点力气。

老的枝条已经木质化，僵直了，所以更不易"梳理"，"梳理"过后的越橘枝看起来会有点蔫蔫的，但是很快就会恢复。如今，人工培育的越橘都是用专门的采摘机进行采摘的。另外，人们也发明了塑料的越橘梳。

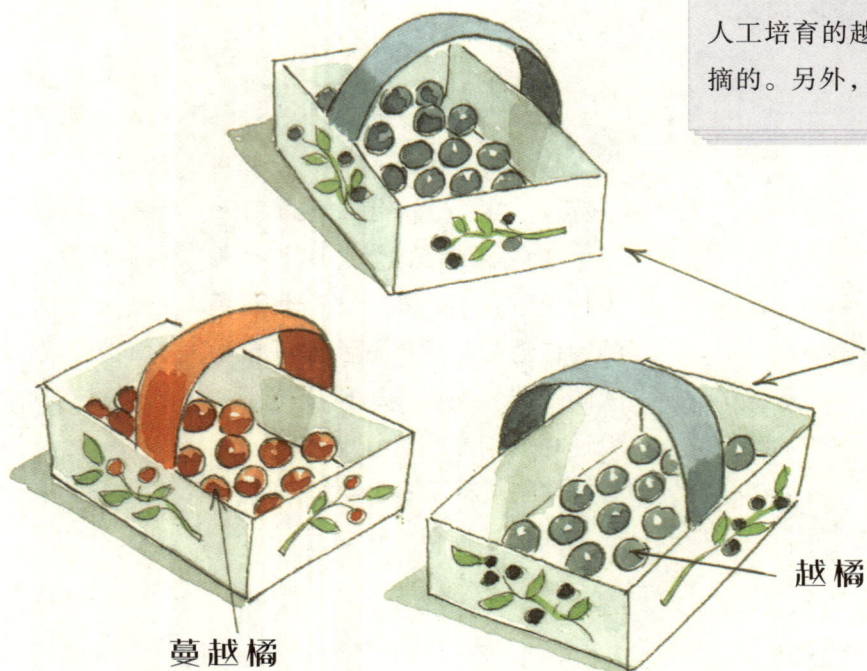

火柴盒外部
（画上图案）

越橘

蔓越橘

越橘扫帚

适用于盛产越橘的地区……

年龄： 3 岁以上

材料： 大片的越橘地、约 1 米长的棍子（例如榛子树枝）、绳子、剪刀

把越橘树砍下三分之一，以便后续还能继续采摘。用绳子把树枝牢牢绑在一根棍子上，扫帚就做好了。在下面的游戏中将用到越橘扫帚。

游戏的主角

年龄： 5 岁以上

材料： 约 15 颗越橘（由可烘焙的塑像黏土或涂成蓝色的圆石子制成）、红色和黄色的围巾、（越橘）扫帚、眼罩

卷裤腿和捣蛋鬼

他们是黑森林地区劳特巴赫的两个夸张的滑稽形象，是这个游戏中的主角。"卷裤腿"这个名字的由来是因为他的裤腿总是卷到膝盖下方，以前人们在采摘越橘时经常这样穿，以防高级布料的裤子被弄脏。

年龄： 5 岁以上

材料： 约 15 颗越橘（塑胶球或者是被涂成蓝色的球形石头）、系着铃铛的带子、红色和黄色的围巾、越橘扫帚、蒙眼布

扮演卷裤腿的小朋友的任务是尽可能多地采摘越橘。作为人物标志，他应该将他的裤腿卷至膝盖，并且戴一条红色围巾。捣蛋鬼是一个小坏蛋，总是以抢夺卷裤腿的越橘为乐。他扎着一根铃铛腰带和黄色的围巾。卷裤腿和捣蛋鬼两个人都蒙上眼睛。其他的小朋友们用扫帚将地上散落的越橘尽可能地扫到捣蛋鬼面前。他们同时也要阻止捣蛋鬼去抓卷裤腿。他们不能够与捣蛋鬼有身体接触，只能去误导他。当捣蛋鬼捡完所有越橘后，他和其他帮忙扫越橘的小朋友们就获胜了。但是如果捣蛋鬼抢先抓住了卷裤腿，那么捣蛋鬼就获胜。

红色的小姐妹

蔓越橘是越橘的近亲，它们的生长环境极为相似，但是蔓越橘的果实是红色的，叶片有光泽，有皮革质感，是常绿灌木。蔓越橘在贫瘠的土地上也能存活（例如在高山或者幽暗的森林里），因为它是跟栖根真菌共生的，栖根真菌可以吸收空气中的氮元素，把养分供给蔓越橘。可能在冰河时期时，蔓越橘就已经存在了。

蔓越橘生吃的味道一般，煮过之后味道会好一点，因为富含防腐的苯酸物质，蔓越橘可以保存很长时间。

跟越橘一样，蔓越橘也有一种来自北美的品种，人们已经进行了人工培育：小红莓。小红莓的花长得像是一只鹤的头。

尝一尝

蔓越橘之雪

俄罗斯特色甜点——冰河时期的食物跟雪很搭哦。

年龄： 5 岁以上（需要成人的协助）

配料： 4～5 个鸡蛋、250 克砂糖、500 克成熟的蔓越橘（可用蔓越橘罐头代替）、手指饼干

在锅里铺上一层糖后放上一层蔓越橘，再洒一层糖后放一层蔓越橘，反复多次后将蔓越橘在锅里放置一晚。第二天将蔓越橘煮成粥状（不加水）。注意不要煮太长的时间，以保持蔓越橘鲜艳的颜色。将蛋白打至硬性发泡后把蔓越橘酱拌入其中，饼干当作可食用的勺子，赶紧舀起来吃吧！

玩游戏

越橘祭

在童话世界里，越橘地里总是住着许多小矮人。他们藏在越橘丛中，把他们的宝藏藏在洞穴里。为了跟他们和平相处，采摘时掉在地上的越橘人们就不再去捡，而是归小矮人所有了，就像是献给小矮人们的礼物。这是一项古老的风俗，让人们不再为掉落的越橘而气恼。

年龄： 3 岁以上

材料： 一块越橘地、装越橘的容器

让孩子们摘越橘，期间数一数，看他们不小心掉了多少颗越橘。谁给小矮人们送了最多礼物呢？

在越橘匮乏的季节和地区还可以这么玩：把玻璃弹珠洒在一片地里（蓝色最佳），让孩子们去寻找弹珠。最终没有找到的弹珠就是给小矮人的礼物。

自然保鲜

年龄：5 岁以上

材料：新鲜摘下的蔓越橘、陶制容器（陶罐最佳）、亚麻布、水

将蔓越橘放在容器中，铺上亚麻布，将重物压在布上，浇上大量清水。这样处理过后，蔓越橘可以在阴凉的地方保存三四个月；之后可以像葡萄干一样直接食用或用作烹饪原料。浸过的水香气十足，可以拿来饮用。

果果交换

年龄：6 岁以上

材料：直径约 50 厘米的圆盘（一面为蓝色，另一面为红色）、一块长方形空地（分成三块区域并做好标记）

将孩子们分成越橘组和蔓越橘组，各自有自己的领地。两组孩子面对面站在中间区域，裁判把圆盘抛到空中，落地后如果是蓝色一面朝上，越橘组的组员要快速去抓蔓越橘组的组员，蔓越橘组的组员则需要尽快回到自己的领地（退到线后），回到领地后就不能再被攻击，被抓住的组员则会成为对方组里的一员。如果落地时是红色的一面朝上，则由蔓越橘组发动进攻。每一轮过后都需要回到场地中间重新开始。如果一组成功把另外一组的组员全部变为自己的组员，则游戏结束。

游戏还可以这样玩：同组组员可以着统一的 T 恤、披肩或围巾（颜色也统一为蓝色或者红色），不过这样游戏成本就更高了。

成对盆栽

年龄： 4 岁以上（在大人的协助下）
材料： 人工培育的越橘盆栽和蔓越橘盆栽，酸性的、不含泥炭的土壤、树皮覆盖物、两个陶盆、颜料、画笔

在陶盆上分别画上男孩和女孩的脸（以及蓝色和红色的帽子），等颜料干透。把植物移栽到陶盆里，用酸性土填满空隙，最后在表土撒上一层树皮，以起到保护树根的作用。

适时用雨水浇灌。

果园种植小贴士

- 越橘树需要有机物含量高、不含钙盐、湿度均匀的土壤，喜欢多光照或半阴的环境。
- 自家花园中适合种人工培育的品种，野生越橘不适合在人工环境中生长。
- 尽管几乎所有的人工培育的品种产果量都挺高，但是如果把两种或两种以上的越橘品种种在一起，可以提高产果量。
- 越橘树的根系虽然覆盖范围广，但是扎得并不深，所以挖一棵越橘树时不用挖得太深，但是面积要广一些。
- 如果花园土壤太肥沃、太黏，应该往种植穴中填一些土质稍微疏松的沙土和树皮的混合物。土壤中的石灰含量一升高，越橘叶子就会发黄，因为土壤中的石灰成分会阻碍根系对铁元素的吸收。为了保护环境（保护湿地），不要使用泥炭土。可以使用掺了木质纤维和树皮堆肥的土壤，把树皮覆盖在根系区域上，以模拟出天然的腐殖质层的环境。
- 人工培育的越橘是像葡萄一样成串结果的，每次只需要把成熟的紫黑色的果实摘下即可。
- 三年以上树龄的越橘树，应该把一些老枝、病枝以及不再产果的枝条砍掉，以便给新的枝条腾出更多的空间，增加产果量。
- 对小红莓树也可以同样的方式处理枝条。

覆盆子 & 黑莓——
胖乎乎、有颗粒感的小果子

这些胖胖的的浆果就像是小小的夹心巧克力：独特的风味、柔软的口感——当然，要比夹心巧克力健康。直接把刚从树枝上摘下的果子一颗颗扔进嘴里，这样吃起来最过瘾啦。

通缉令

有什么特别之处？
- 黑莓树叶秋天也不会掉。
- 可以用通过长匍茎或枝条繁殖（枝条触到地面土壤时，可以长出根来）。
- 泰莓是覆盆子和黑莓杂交而成的一个品种。

覆盆子

黑莓

黑莓
灌木状攀缘植物，蔷薇科

何处可以找到？
阳光充足的森林中或森林边缘地带。
叶子： 羽状叶（三出、五出或七出），叶缘为锯齿状。
枝干： 枝条带刺，短而粗并且很锐利（像鲨鱼鳍一样），木质化。
花： 第二年开花，花为白色或粉色，五瓣。
果实： 蓝黑色聚合果。

	五月	六月	七月	八月	九月	十月	十一月
花 期							
果实期							

覆盆子
灌木，蔷薇科

何处可以找到？
刚刚砍伐完后的森林地区。
叶： 羽状叶（三出、五出或七出），叶缘为锯齿状。
枝干： 枝条长有长而细的刺，随着生长的年限会慢慢木质化。
花： 第二年开花，白色，五瓣，花托向前隆起。
果实： 鲜红色聚合果。

	四月	五月	六月	七月	八月	九月	十月	十一月
花 期								
果实期								

胖胖的果子口口脆

覆盆子和黑莓都是聚合果，由许多颗小核果聚合而成，就像是许多颗樱桃聚在一起长成的一样，所以它们看起来都是胖乎乎的。因为每颗核果里面都长着一枚核，所以口感会有些碏。覆盆子的小核果松松地聚在花托上，所以果子内部是空心的，可以像小帽子一样戴在手指上。覆盆子摘下后，一个白色的小"松塔"会留在枝条上，这是隆起的花托。相反，黑莓的聚合果是牢牢长在花托上的，所以得费一些气力才能把它从树上摘下来。

玩游戏 & 尝一尝

小红果，戴手上

年龄： 3 岁以上
材料： 人工培育的覆盆子若干

将覆盆子像小帽子一样戴在指尖，进行以下的手指游戏：

把覆盆子像小帽子一样套在五个指尖上。一边唱着下面的童谣一边将它们一个个吃掉：

小树小树真可爱，
红红的覆盆子枝头戴。
有一个果儿圆乎乎，
有一个果儿脆碎碎，
有一个果儿甜蜜蜜，
有一个果儿红透透，
还有一个馋得人口水流，
来了一个小朋友，
一个接一个吃不够，
啊！转眼最后一个也入口！

给覆盆子上颜料： 将指尖的覆盆子小帽浸入巧克力酱中，就像给手指尖刷上了一层颜料一样。

尝一尝

莓果比萨

年龄： 4 岁以上（饼胚部分需要成人协助）
配料： 饼胚部分：250 毫升牛奶、少量盐、75 克黄油、125 克面粉、5 个鸡蛋；馅料部分：1 杯生奶油、1 杯凝乳、2 把香草粉、1 把覆盆子和黑莓、少许巧克力

牛奶、盐和黄油一起加热，一次性倒入所有面粉，大力搅打面糊。分次加入打散的鸡蛋。将烤箱调到 200 摄氏度预热，烤盘上抹一层油，把面糊倒入烤盘中央，形成比萨的形状，烤 20 分钟后取出冷却，比萨的饼胚就做好了。

生奶油稍稍打发，拌入凝乳和香草粉后涂抹在饼胚上，之后洒上莓果。将巧克力擦成碎屑。用巧克力屑再装饰一下，莓果比萨就做好了，别忘了切成块后再吃哦！

提示： 覆盆子很脆弱，洗过的覆盆子很快会发霉或烂掉，所以最好不要清洗，拣选一下把坏果挑出来就好了。

蠕虫莓和椿象莓

野生黑莓，或野生覆盆子中往往寄居着许多小动物——习惯直接将枝头的果子扔进口中的人要是知道了可能会觉得不舒服。蠕虫还好，吃到嘴里并没有什么感觉，椿象的口味则要强烈一点。椿象总喜欢停在成熟的覆盆子上，引诱人们去摘。

蠕虫是覆盆子甲虫的幼虫。这和有着奶油色身子和褐色头部的小蠕虫生命的第一个阶段是在花托松塔和果实之间度过的。在黑暗中，它在果子里大吃特吃，果子熟透后，一阵风微风就能把它从枝头吹落。蠕虫就在掉落的果子中结茧，化蛹。五六周后，成虫就破茧而出了。但是一直到春天，它才会离开它过冬的小屋。一开始，覆盆子甲虫靠啃食嫩叶为生，等到枝头开始结出花骨朵时，它就会从萼片一路钻到花心中啃食花粉，花粉中所含的蛋白质是甲虫生殖器官成熟的必需之物。交配后约几周里，雌虫会在花朵中或还未成熟的果子上产下三四十枚卵，三四十天后，幼虫就会孵化出来了。

灰褐色的椿象，也叫斑须蝽，主要是以覆盆子的汁液为食。它们一边吸食果汁，一边喷射出唾液。椿象的唾液有一股刺鼻的味道，人们一般难以忍受。它们唾液的射程可达20厘米。冬天时，椿象会躲到地里过冬，一般四月到十月才能看到它们的身影。椿象也有好的一面：除了覆盆子果汁外，它也会吃一些对果树有害的蚜虫和果螨。

冰莓

年龄： 3岁以上（在大人的协助下）
材料： 新鲜的覆盆子或黑莓、水、方形冰格模具

每个小冰格中放入一颗覆盆子或黑莓，加入清水后放入冰箱中冷冻。冰块冻硬后可加入任意饮料中。普通的饮料也会变得格外好喝哦！也可以用其他小浆果来制作冰块。

黑莓小卷须

黑莓的卷须一旦接触到土壤就可以扎根，并且会攀缘而上。

年龄： 5 岁以上，至少 7 个儿童

在这个游戏中，一个小孩扮作小卷须，他需要从房间的一边到达另一边，但是脚不能触碰到地面，其他孩子们则扮作黑莓枝，他们的任务是帮助小卷须成功到达另一边。游戏开始时，根据房间的大小，选 4～7 个孩子站定，每个人的间隔约为一米半，把其间的路障设置得难一些更好。

游戏过程中，扮演小卷须的孩子可以利用伙伴们的脚、背和手，一路向前，扮演黑莓枝的孩子们除了脚不能动之外，可以使用身体的其他任何部分帮助小卷须到达另一边。期间，小卷须一旦着地，马上就生根不能动了，那么就轮到下一个孩子扮演小卷须继续向前。随着游戏的进行，路障会变得越来越简单，这个游戏中，要么成功到达另一边，所有孩子一起赢，要么大家一起输。

在花园里或草地上还可以这么玩：画一条起始线，每个孩子们试着借助黑莓枝的帮助到达尽可能远的地方，一旦触到地面，必须扎根不动。到达终点后，再纵力一跳，来延长黑莓枝，所有孩子们一起努力，把黑莓枝伸得尽可能远。第二天，孩子们还可以试着再到达远一点的地方。对于热衷于破纪录的人，终点是没有界限的。

特制红茶

孩子们也能喝的红茶，不含咖啡因哦！

年龄： 5 岁以上

材料： 黑莓枝条顶端的嫩叶（三月到五月可采摘）、擀面杖、烘干机（非必要）、擦碗巾、瓷盘、石头

将采下的黑莓嫩芽晾一天后用擀面杖捣碎，将叶片中的汁液挤出。在捣碎的叶子上洒一些水。把捣碎的黑莓叶放在毛巾上，用盘子盖住后再加一块石头压住，放到烘干机里烘焙两三天。必须要把叶子放在温暖通风的地方，不然有可能会发霉。如果手边没有烘干机，也可以把叶子放在滤网中，放在通风处晾晒两三天。

加工制好的叶子会变成黑色，并且会渐渐散发出一股类似玫瑰的芳香。当叶子开始散发香气时将叶子放到 50～100 摄氏度的烤箱中快速烘干。这整个过程就被称为发酵。

还有多种口味可以尝试： 可以在黑莓叶中混入覆盆子和森林草莓的叶子（未发酵的）。

浆果里的小住客

年龄： 5 岁以上
材料： 野生覆盆子、野生黑莓、装着清水的碗、放大镜

把浆果放到装着清水的碗中，在温暖的地方静置片刻。过一会儿就能看到覆盆子甲虫和斑须蝽纷纷冒出来在水里扑腾。斑须蝽还会发出一股刺鼻的味道，这时就可以把这些小住客都请走啦。

放大镜下可以看到什么？

- 覆盆子甲虫有着褐色的头和奶油色的身体。
- 覆盆子甲虫会在覆盆子内部留下锯齿状的蛀孔。
- 蛀孔里面塞满了它们的排泄物（消化后的覆盆子）。
- 斑须蝽有着美丽的外表：紫红色的鞘翅和黑白相间的触须。

金覆盆子

金覆盆子奖（也称金酸莓奖）是模仿奥斯卡金像奖的负面颁奖典礼，每年都抢先在奥斯卡颁奖前揭晓，以挪揄那些备受传媒批评的劣片。

年龄： 5 岁以上（在大人的协助下）
配料： 0.5 千克面粉、15 克黄油、半块酵母、一小撮盐、250 毫升牛奶、1 个蛋黄、覆盆子、少许黄油、少许坚果、少许糖

将面粉、盐和软化后的黄油放入碗中，牛奶稍稍加热后放入糖和碾碎的酵母，待糖和酵母溶解后将牛奶倒入盛有面粉的碗中，揉成面团后静置 1 个小时。

把面团分成小块，每小块中塞入 1 ～ 2 颗覆盆子，揉成圆球状。把黄油融化成液体，将小面球沾上黄油，再放到坚果和糖粉的混合物中滚一圈，把小面球放在涂好油的烤盘上，垒成覆盆子的形状，放到 180 摄氏度的烤箱中烘烤 45 分钟。

在等待期间可以做一个小小的填词唱歌游戏。大家可能都知道"在城墙上，埋伏起来……"这首歌，我们在这里把它改了改。

每唱完一段后就把词中"斑须蝽"依次删掉一个字，并且停顿一下，要是谁紧接着唱了，就扣一分作为"惩罚"。到最后谁被扣的分最多，就把烤好的金色覆盆子颁给他（不要预先透露最终的奖品哦）。

在覆盆子上有只……

唱一唱

在覆盆子上，在覆盆子上
有只肥肥的斑须蝽
大家快来瞧一瞧
斑须蝽跳舞多曼妙
在覆盆子上，在覆盆子上
有只肥肥的斑须蝽

在覆盆子上，在覆盆子上
有只肥肥的斑须
大家快来瞧一瞧
斑须跳舞多曼妙
在覆盆子上，在覆盆子上
有只肥肥的斑须

在覆盆子上，在覆盆子上
有只肥肥的斑
大家快来瞧一瞧
斑跳舞多曼妙
在覆盆子上，在覆盆子上
有只肥肥的斑

在覆盆子上，在覆盆子上
有只肥肥的
大家快来瞧一瞧
跳舞多曼妙
在覆盆子上，在覆盆子上
有只肥肥的……

Auf der Him-beer, auf der Him-beer sitzt 'ne fet-te Wan - ze.

Auf der Him-beer, auf der Him-beer sitzt 'ne fet-te Wan - ze.

Seht euch nur die Wan-ze an, wie die Wan-ze tan-zen kann!

Auf der Him-beer, auf der Him-beer sitzt 'ne fet-te Wan - ze.

种一种

果门

年龄： 5 岁以上（在大人的协助下）
材料： 2 棵覆盆子、弓形攀缘架﹝玫瑰拱架或者其他类似的架子﹞、绳子

将覆盆子分别种在攀缘架的两端，用绳子把枝条固定在架子上，到了第二年莓果成熟的时候，一串串莓果就会从"天上"垂下来。

覆盆子，装满船

野生覆盆子和野生黑莓都是长在森林里的。它们比人工培育的品种小得多，但同时也香得多。野生品种的树叶也可以拿来泡茶。

大约 1900 年时，人工培育的覆盆子在维也纳市场（位于德国慕尼黑）的售价还是高于野生覆盆子的。在十九世纪中期，人们开始对浆果进行人工培育。当时纽约哈德逊河（位于美国）西岸边种着大片大片的覆盆子，到了晚上，一艘艘轮船载满覆盆子后缓缓向纽约驶去，轮船上散发出的覆盆子的香气就算在对岸也能闻到。

现在，人工培育的覆盆子和黑莓的品种数不胜数，当然，大部分都是无刺的。采摘野生黑莓的时候就需要特别小心了，必须穿着厚实的衣服，不然一不注意就会被棘刺扎伤。

果园种植小贴士

- 野生覆盆子和野生黑莓只有在森林里才能茂盛生长，如果是种在自己花园的话，最好选择人工培育的品种（在苗圃里很容易找到）。
- 覆盆子和黑莓喜半阴环境，但是花朵和果实需要充足的阳光才能保持良好的长势。
- 使用钙或氮充沛的土壤最佳。
- 最好可以搭一个铁架，供覆盆子和黑莓的枝条攀缘而上，但这不是必须的。
- 枝条只在头两年会开花结果，之后便会慢慢枯萎。将枯萎的枝条整齐地砍掉，来年春天就会长出新的枝条，新发的嫩芽会减少为 3 ～ 5 个。

南方的水果（或冬季花园）

　　从一月到五月，本地水果不再甜美诱人。贮藏了整个冬天的苹果变得又软又皱，草莓还没有开始生长。要是这时用南方的水果点缀一番或用自家的冬季水果装扮出一个冬季果园，一定美妙极了。

香蕉——
弯弯又独特

　　香蕉：软绵绵，浅黄色，还带着几分甜！它的甜味取决于成熟度。不论是略酸的黄绿色香蕉，还是"老虎香蕉"——含有黑色斑点、果肉极甜的棕黄色香蕉，不同成熟程度的香蕉几乎都可以食用。而且，香蕉天生自带卫生包装，无须其他工具就可以直接用手剥开。它弯弯的外形还会激发你的无限创意！

通缉令

香蕉
芭蕉属植物家族

茎干：由底部的叶鞘构成假茎。
叶子：长达 3 米，中脉强壮。
花：穗状白色或紫色花朵，生长在丁香色大苞片叶腋内。
果实：带有肉质外皮的弯弯的浆果，无籽。

有何特别之处？
- 香蕉的原产地为东南亚岛国。
- （不同于香蕉）芭蕉和象腿蕉的果肉有籽。
- 年幼的香蕉叶紧紧卷起。年长的经常会迎风挺立。
- 每棵树结 10 ～ 12 串香蕉，每串香蕉有 14 ～ 18 根。

香蕉船

　　香蕉从下往上迎着太阳生长。所以，弯弯的香蕉颇似一艘小船。

　　香蕉船确实存在：它是一种无发动机的黄色拖船，外形和颜色像一根浮动的超级大香蕉，利用两根小管子来保持平衡。乘客一个挨着一个坐在中间的管子上，由一艘汽艇牵着飞速掠过水面。

香蕉帆船

在这里
刺穿一
个水果

黑色小游艇

牙签

← 烧烤用的木棍

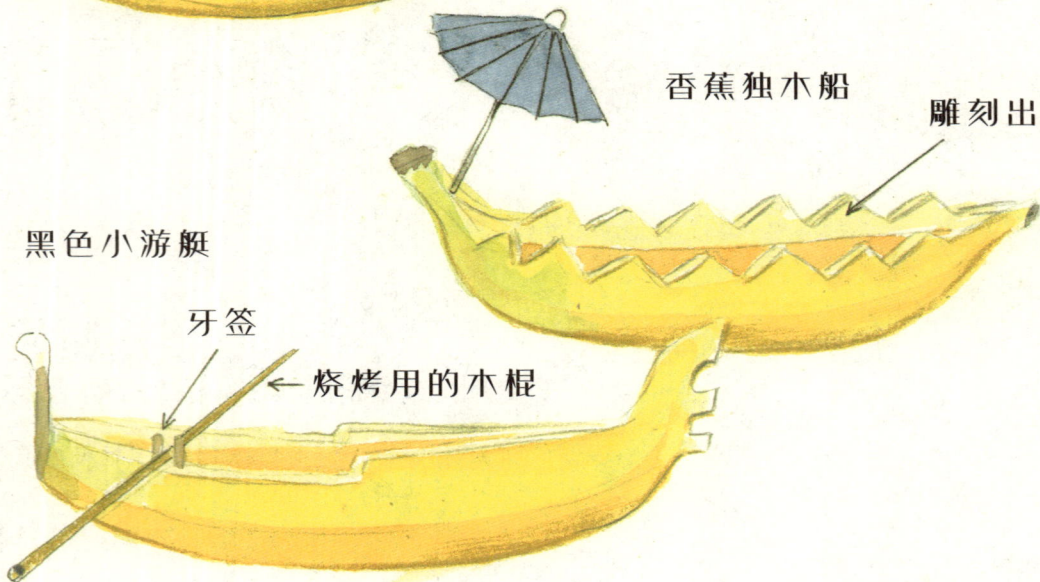

香蕉独水船

雕刻出齿状边缘

小勺船

年龄：5 岁以上（在大人的协助下）
材料：香蕉、小刀、勺子、木棍或吸管、不同的水果、1 包凝乳、香草精、烹饪用巧克力、搅拌机

　　将香蕉沿着上部的三分之一处切开或划一道口子。小心地将果肉用勺子掏出，不要损坏果皮。继续进行以下的步骤。

　　香蕉独木船：雕刻出齿状边缘。

　　香蕉帆船：不要扔掉已切开的果皮，弯曲地将它绕在木棍上，在末端穿过一颗水果，例如，草莓、葡萄等，当作船帆。

　　黑色小游艇：不要去掉游艇中的果肉，而是塞进巧克力块，然后在烤箱中烤 10 分钟。香蕉皮会变成黑色，而里面就成了一款奶油状的巧克力香蕉慕斯。

香蕉船厂

如果把香蕉放入水中，尽管会浮在水面上，但是它会由于重心分配不均而倾向一边。可以采取减少重量、加大宽度和降低重心的方法，香蕉就变成了超棒的小船了！

年龄： 4 岁以上

材料： 未加工的香蕉、小木棍、烧烤用的签子、石子、绳子、铁丝、小刀、小勺

将香蕉沿着上部的四分之一处切开，并小心地将果肉用勺子掏出。现在我们介绍另外三种小船模型的制作方法。

独木舟： 用两根小木棍（长度符合香蕉的宽度）将（香蕉的两端）内部夹紧。这样可以增加宽度、加大浮力。

龙骨艇： 用一根烧烤用的签子穿透香蕉的中部。在两端系上一根绳子，在绳子中间挂上重物（例如带孔的石子）。带孔的石子要适合小船的龙骨。降低重心之后，小船就能浮在水面上了。

香蕉船： 这个模型需要两根掏空的香蕉和一根完整的香蕉。用一根烧烤用的签子将掏空的香蕉和中间的小船串起来。用铁丝给中间的小船制作一个把手——可以摆上一个小玩偶。两边的小船就像真正的香蕉船一样可以增加宽度，让船更加平稳。

独木舟

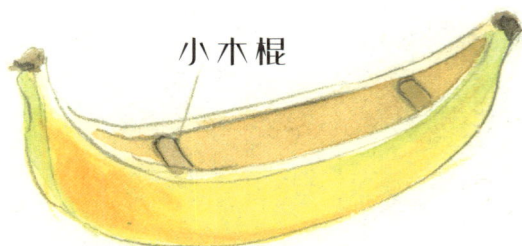

小木棍

龙骨艇

带孔的石子

香蕉皮要扔掉?

当鞋子遇上香蕉皮,结果通常都不会好到哪儿去。然而,这两者其实可以融洽共处。香蕉皮含有的油和钾是护理鞋子的理想成分,而且它还可以美化环境。

未加工的(不是特别软的)香蕉皮还是不错的游戏材料——别立即扔了香蕉皮当肥料!

非生态种植的香蕉虽然表皮光滑没有斑点,但是它所含的杀虫杀菌剂的成分很高。不能使用这样的香蕉皮!

动动手

香蕉玩偶

年龄: 4 岁以上
材料: 未加工的香蕉、防水笔

香蕉章鱼: 小心地将香蕉皮剥成八份。香蕉的另一端就是章鱼的头部。用防水笔画上脸,并摆开章鱼的"脚"。

香蕉吃货: 小心地将香蕉分成数份。在每份的中间划一道小口,将香蕉皮的末端穿过这道小口子中,看起来就像是一条舌头。然后用防水笔画个有趣的脸。

玩游戏

香蕉平衡

弯弯的香蕉特别符合头部的轮廓。
年龄: 4 岁以上
材料: 香蕉、障碍物(例如凳子)、木板、小梯子

用障碍物排出一条线路。看谁能头顶着香蕉最快地通过障碍路线呢?——当然不能把香蕉给丢了!

香蕉船

烧烤用的签子

铁丝制成的把手

香蕉抛光剂

一款标准的生物鞋油！
年龄： 3 岁以上
材料： 未加工的香蕉皮、布、未擦过的皮革鞋

用香蕉皮的内部来保养鞋子。用香蕉皮擦拭鞋子，再用布将鞋子抛光。之后将香蕉皮制成堆肥。

越来越甜

年龄： 3 岁以上
材料：（从绿色、黄色到棕色）不同成熟度的香蕉、小刀

品尝不同成熟度的香蕉。需要分辨出甜度是如何变化的！哪根香蕉最甜？

香蕉冰淇淋

年龄： 4 岁以上（在大人的协助下）
材料： 过度成熟的香蕉（香蕉皮应该已经呈棕色）、搅拌机

将香蕉剥皮后放入冰箱冷冻过夜。第二天碾磨成泥。
一切搞定！

香蕉使人快乐！

香蕉含有使人心情愉悦的血清素成分，它可以激发我们的大脑制造快乐激素啡肽。在德语国家，无论是婴儿还是祖母，一年当中会消耗八十根香蕉。要是搭配上巧克力，那么快乐就爆棚了！

不过我们这里只有一个香蕉品种。它叫作香芽蕉，这是一种相对较大的、便于运输的香蕉。全世界有四百多个不同的香蕉品种：有黄色的香蕉，也有红色的甜甜的香蕉，外形有大有小。还有水分不多、用于造纸的大蕉和麻蕉。

考虑到口味的原因，所有的香蕉在绿色的时候就会被采下。在灌木上成熟的果实口味不佳，它们会开裂、水分不多还不甜。甚至是供应本地的香蕉也会在绿色的时候被采下，然后贮放成熟。乙烯会加速成熟过程。随着时间的变化，香蕉里的糖分也会改变。所以，成熟的香蕉特别甜。棕色的香蕉最适合用来制作香蕉蛋糕或者香蕉冰淇淋。

唱一唱

香蕉冰淇淋

作词及作曲：约根·盖塞尔布莱希特

Ba - na - nen - eis! Ba - na - nen - eis! Ba - na - nen - eis! Ba - na - nen - eis! Ba -

na - nen - eis! Ba - na - nen - eis! Ba - na - nen! Gib ei - ne

rei - fe Ba - na - ne in den Tief - kühl - schrank, dann war - te ei - ne Wei - le, a - ber

nicht zu lang. Dann holst du sie he - raus und gibst sie in ei - nen Topf, dann

nimmst du ei - nen Mi - xer und drückst auf den Knopf. Ba drückst auf den Knopf.

香蕉冰淇淋！香蕉冰淇淋！香蕉冰淇淋！香蕉冰淇淋！香蕉冰淇淋！香蕉！

冰柜里有支熟香蕉，等一会儿，马上就好。拿出这根熟香蕉，就往一个锅里撂，再把搅拌器来找，按下按钮搅一搅。（重复）

按下按钮搅一搅。

动动手

香蕉全家福

年龄： 3岁以上（部分需要大人协助）

材料： 未加工的香蕉、防水笔、小刀、用作脸部和装饰品的天然材料（例如橡果壳、丁香花干、芝麻）

在香蕉上画画，对香蕉进行特殊剪切、添加小装饰和稍作调整之后，香蕉就变成了滑稽可爱的展览品。根据样品，可以制作成月亮香蕉、香蕉老船长、咧嘴香蕉、香蕉情侣、香蕉手、香蕉爪子或者动物形香蕉（狗、长颈鹿、海豚、公鸡）。

香蕉情侣

香蕉老船长

咧嘴香蕉

香蕉狗

对香蕉的误解——香蕉树和水果香蕉的种子

真正的芭蕉属香蕉是最高级的经济作物：它是一种巨大的、高达9米的灌木。在第一年里只会生长出巨大的树叶。树干由互相交织、层层叠叠的树叶组成，更确切地说是由树叶的基部（叶鞘）组成。只有在（热带条件下的）第二年里花梗一直拥簇到树梢，香蕉才有了真正的树枝。从此时开始，香蕉树就不再与长新的树叶了。香蕉的果序是植物界最大的。如果果序成熟，整棵植物就会枯萎，但仍会继续存活在许多根蘖中。根蘖是生长在主枝旁茎基部的"幼苗"，它们拥有自己的根部。可以将它们从母株上砍下，然后移植到新地方。

所有被当成水果的香蕉不会结籽。所以，种子包装图片上的硕大的黄色栽培香蕉是假的。

香蕉宝宝

年龄： 5岁以上
材料： 香蕉植株、花盆、栽花用土

每一个"香蕉妈妈"的球茎上都长着"香蕉宝宝"（吸芽）。当长出五片以上完整的叶子后，吸芽就可以从母株上分离下来：分株时要小心，要放在单独的盆中。"宝宝"被剥离后，母株会更加强壮。

两三年后，这些香蕉宝宝们也会长出自己的宝宝。

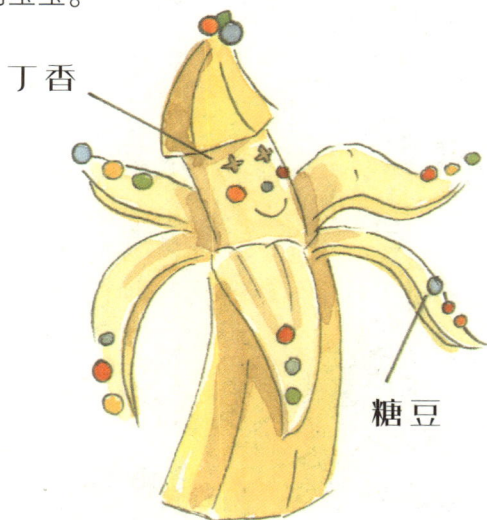

丁香

糖豆

果园种植小贴士

- 在花卉商店、家具店中摆放的香蕉大多数为观赏植物。这些特殊的品种拥有美丽的花朵或红色的树叶。
- 此外还有矮香蕉品种（高达3米），它们的果实可食用，能在冬季花园生长：矮秆香芽蕉。这种香蕉品种在5～7年后结果。
- 只有象腿蕉才有种子，但是它发芽需要相对长的时间。
- 所有香蕉品种都可简单地通过根蘖繁殖。
- 香蕉生长非常迅速。尤其适合种植在冬季花园。夏天时可将香蕉种植在户外半阴的避风处。

猕猴桃——
长毛的维生素输送体

　　这种水果毛茸茸的，总会让人联想到动物。只有切开水果，它才会露出鲜绿的酸甜的维生素输送体。将猕猴桃横着切开，然后用勺子掏出一半的果实，将小种子在齿间嚼碎，这种感觉太享受了。最后剩下一顶毛茸茸的果皮帽子！

通缉令

猕猴桃
木质、每年落叶的攀缘植物

茎干： 红色，略带毛。
叶子： 椭圆形宽叶、背面有软毛。
花： 从叶腋处簇生、白色、有香味。
果实： 圆筒形浆果，淡绿色果肉，极多深色的籽。

果轴

籽

果皮

果肉

有何特别之处？
- 猕猴桃花外形像极了小睡莲。
- 猕猴桃的原产地是中国，后来进口到了新西兰。
- 猕猴桃幼苗雌雄异株（分为雄性幼苗和雌性幼苗），也有雌雄同株的幼苗。
- 果实可以在接近零度的条件下贮存六个月以上。
- 可以用手指轻轻按压果皮，果皮下陷的猕猴桃果实已经成熟。

	三月	四月	五月	六月	七月	八月	九月	十月	十一月	十二月
花期										
果实期										

看一看

猕猴桃玻璃片

用最佳、最简单和最美丽的方法从内部观察猕猴桃！

年龄：3 岁以上
材料：猕猴桃、小刀、放大镜

将猕猴桃切成尽可能薄的薄片，（自己）固定在玻璃窗上。可能需要拿一个放大镜。

看到了什么？

- 绿色透明的果肉
- 明亮的果腔（＝果叶），沿着果轴呈放射状
- 深色的小种子：嵌在果腔内
- 淡黄色、肉质果轴＝之前的雌蕊

提示：当阳光透过玻璃窗时，猕猴桃片会闪闪发亮；因此，最好将猕猴桃片贴在南面的窗户上。

猕猴桃巧克力棒棒糖

内在美

猕猴桃的外皮颜色介于橄榄绿至灰绿之间，上面还附着毛茸茸的一层，因此外表不算美丽。然而它有内在美可以展示：果肉碧绿澄透，切开后在切面处可以看到一圈亮亮的射线状的果髓，里面长有许多黑色的小种子。正中间是淡黄色的、肉质的果心。

尝一尝

猕猴桃巧克力棒棒糖

年龄：3 岁以上（在大人的协助下）
材料：猕猴桃、巧克力、少许糖、坚果或糖果（例如珍珠糖、杏仁片、巧克力末）、烤肉串的签子、白菜头

将猕猴桃去皮，切成厚片，将烤肉串的签子插入猕猴桃中制成棒棒糖。加热烹饪用巧克力，拌入少许糖。把"猕猴桃棒棒糖"浸入巧克力中，可以再撒上巧克力末。插在一个白菜头上。

猕猴桃小鸡

年龄： 4 岁以上
材料： 猕猴桃、肉桂棒、丁香、小刀

按照图示将猕猴桃果制作成猕猴桃小鸡：用几小段肉桂棒装扮出几根羽毛、鸟喙和腿部，用丁香制成眼睛，切割出翅膀。

在品尝猕猴桃小鸡时，香料还会散发出迷人的气味！

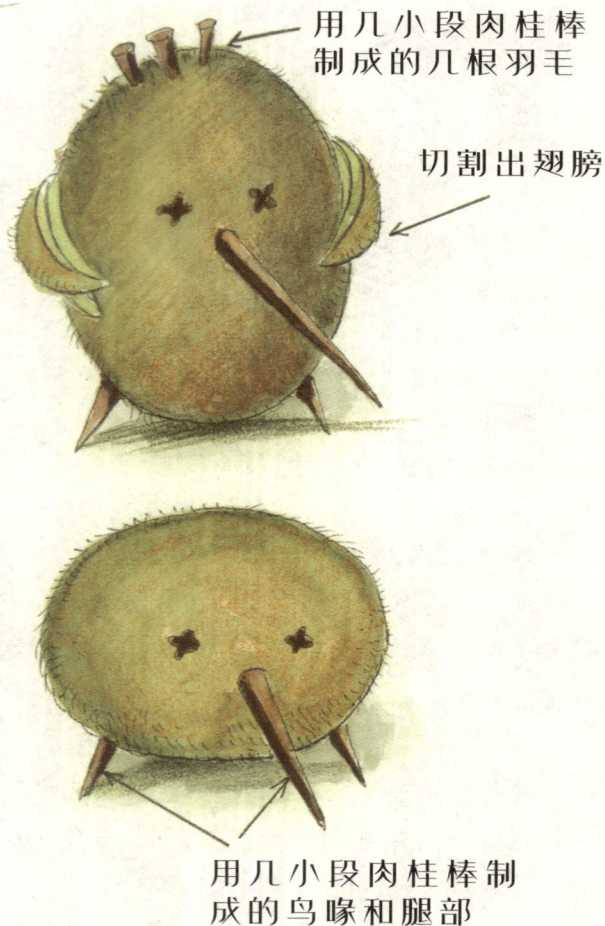

用几小段肉桂棒制成的几根羽毛

切割出翅膀

用几小段肉桂棒制成的鸟喙和腿部

猕猴桃硬币

年龄： 4 岁以上
材料： 切成两半的猕猴桃、汤匙、硬币、骰子

每个孩子分半个猕猴桃和一个汤匙。每人按顺序掷骰子。当掷中 6 的时候，就可以得到一个硬币，然后舀一勺猕猴桃。当下一个孩子掷中 6 时，也可以舀一勺他的猕猴桃。谁能够第一个把猕猴桃舀干净呢（只剩下毛茸茸的外皮）？

是人类、鸟还是水果？

猕猴桃（Kiwi）这个词有不同的意思。只有在新西兰，Kiwi 指的是一种长喙的、脚肥肥的、无法飞翔的走禽——因此，它也成为新西兰人的绰号。新西兰的农民们用这个词给他们的猕猴桃命名是为了能突显特色，因为"中国醋栗"听上去不那么令人满意。就算是今天，市场上大部分的猕猴桃还是来自新西兰。最好的猕猴桃生长在亚热带地区，而生长在温带区域的猕猴桃则需要"栽培葡萄气候"。

猕猴桃孩子

猕猴桃籽和水芹菜一样会迅速发芽！

年龄： 6 岁以上

材料： 猕猴桃、细筛子、烹饪用擀面杖、盆栽用土、迷你温室或泡菜坛

从猕猴桃内取出籽。用温水洗净细筛子，小心地用厨房用纸擦干筛子。籽过筛子。

在铺有湿润的盆栽用土的小盆内播种，轻轻按压（光照发芽，无须覆盖泥土）。将小盆放入迷你温室（或用泡菜坛扣上），这样可以将温度维持在 20 摄氏度左右，并足以保证湿度。

约 10 天之后种子会长出胚根。注意保持土壤湿度。

至少一个月之后将猕猴桃幼苗分开。保留最强壮的幼苗。猕猴桃幼苗会在几周之后生长出毛茸茸的叶子。至少需要七年时间才会开出第一朵花或结出第一个果实。

提示： 预冷的猕猴桃籽发芽时间会更长。

果园种植小贴士

- 可以直接购买猕猴桃幼苗（雌雄同株，否则无法结果）或者自己栽种（参考上述内容："猕猴桃孩子"）。

- 猕猴桃是攀缘植物，能生长出长达 10 米的幼苗。所以，需要搭设支架或藤架。

- 一些猕猴桃品种可以在温带气候条件下在户外遮蔽处过冬。

- 最简单的方式是将猕猴桃置于搭设了攀缘架的桶中。在五月中旬将它放在户外光照充足温暖的地方，直到秋天第一次夜霜。冬天可使用防霜的较冷的房间、地下室或车库。因为叶子总归会脱落，因此可以将猕猴桃放在完全黑暗的地方。

- 在秋季和第二年春季需要对猕猴桃进行短截。

葡萄——
从爽脆葡萄到褶皱葡萄

葡萄能让我们联想到金黄的秋天、十月和葡萄收获季。而发现者们显然懂得更多。葡萄不仅会结出新鲜的果实，在冬天还可以制成各种各样的美味的葡萄干。还有葡萄籽，以及那长着叶子和藤蔓的弯曲的老葡萄藤——所有东西都是宝！

通缉令

葡萄
多年生、藤蔓强壮光秃的攀援植物，葡萄酒作物

何处可以找到？
河谷森林中生长着野生葡萄，葡萄园中有栽培葡萄。

茎： 60～80 厘米高的茎，枝蔓呈红棕色。
叶子： 有五个裂片，叶子缺裂互生，表面光滑，背面布满茸毛。
花： 球形小花，大小约为 1 毫米，簇生为花穗，花序与叶对生。
果实： 葡萄果实多籽（根据类型不同，颜色为绿色、蓝色和黑色等）；种子即长条梨形葡萄籽。

有何特别之处？
- 花序外观如同极小的葡萄，因为叶尖的花瓣互生，呈球形。
- 葡萄藤的花蕾被称为眼睛。
- 葡萄是最古老的果树栽培品种之一。罗马人将栽培葡萄引入了德语国家。
- 德国的野生葡萄只生长在较少的河谷森林中，已濒临灭绝并受到保护。它们结出的果实是一种蓝黑色的酸味小葡萄。

	四月	五月	六月	七月	八月	九月	十月	十一月	十二月
花 期									
果实期									

没有核的葡萄!

为了贴合孩子们的需求,我们总会买无籽葡萄。听着白齿把葡萄咬得咔咔作响,同时还留下一种独特的爽滑口感。

栽培的无籽葡萄有很小的籽,它们已停止了生长。由于核还处于胚胎期,葡萄缺少了重要的化学成分,因此果实会长大。如果在生长期不为无籽葡萄喷洒激素的话,葡萄的个头就会很小。这种激素不会对人类和动物起作用,在收获时就已经分解完了。

不过还可以用其他方式:咽下葡萄籽或吐出葡萄籽。还可以利用葡萄籽——因为葡萄籽有着有趣的梨形外观,可以在极限温度下保存很长一段时间,还可以贴附在身体柔软的部位上。

看一看&试一试

珍珠潜水员

碳酸珍珠们带领着葡萄浮浮又沉沉!

年龄: 4 岁以上

材料: 碳酸饮料、透明罐、葡萄

将碳酸饮料倒入透明罐子,往里挨个扔葡萄。

因为葡萄比水重,所以它会先沉下去。在葡萄表面集聚了许多碳酸泡泡,它们会把葡萄举起来。碳酸泡泡在水面会胀裂,葡萄接着就又沉下去了。

葡萄上的碳酸泡泡如同银色的珍珠。

这是为什么呢?这是由于浮力的作用。因为葡萄的密度大于水的密度,所以它们会在"正常"的水中下沉。但随着气泡的集聚,葡萄就得到了更多的浮力。当"珍珠"集聚到一定程度,浮力大得足以抬着葡萄上升。久而久之,越来越多的碳酸从水里漏出,因此,这种浮浮沉沉的现象也不再明显了。

提示: 如果放入葡萄干,效果也是一样的。

动动手 & 摸一摸

小小暖手宝

别把葡萄籽当成垃圾：将梨形的小葡萄籽做成暖手宝放进上衣口袋。

年龄： 3岁以上（在大人的协助下）

材料： 葡萄籽、碗、小布袋、针、线

吃葡萄时将葡萄籽吐到碗里，然后通过光照或用炉子低温烤干葡萄籽。将葡萄籽装入小布袋，缝上开口，用炉子加热布袋后放入上衣口袋。袋子有保温作用，给人舒适的感觉。

布袋也可以放入冰柜冷冻，小布袋就成了一个"冰袋"了。

动动手

葡萄干挂饰

让人忍不住咬一口的可爱挂饰——适合圣诞节！

年龄： 3岁以上

材料： 葡萄干、可弯曲的铁丝、（用于悬挂的）小丝带，可能需要梅干

将铁丝弯曲成不同形状（例如，心、星星、八字面包、蜗牛形面包、小人儿），一个一个穿入葡萄干。可以用梅干充当主体部分或头部。系上小丝带后就可以悬挂在圣诞树的树枝上当装饰了。

葡萄干

葡萄干是晒干的葡萄的统称。收获成熟的葡萄后，将它们晒干，直到其中的水分剩下约五分之一。同时约五分之三的糖分含量也浓缩了。因此，葡萄干香甜可口，人们尤其喜欢用它搭配面食和混合麦片。

根据葡萄的种类和产地，有以下几种葡萄干。

白色无籽葡萄干：无籽、金黄色、极甜，大多数产地为土耳其；

无核小葡萄干：无籽、黑棕色、口味强烈，大多数产地为希腊；

普通葡萄干：生长于葡萄藤的浆果干（带籽），用于制作德国贵腐葡萄酒（一种极甜的葡萄酒）。

为了让葡萄干颜色持久并预防腐坏，在装袋前经常使用硫黄给葡萄干杀菌，但这种葡萄干不适合过敏症患者和哮喘病人食用。因此，人们更加喜欢未硫化的葡萄干。

谁能从中挑出葡萄干

喜欢还是不喜欢葡萄干，人们各有所爱。特别是在孩子们中，这种情况就更加常见了。

年龄：3 岁以上

材料：混合麦片（内含未硫化的葡萄干）、烧烤用的签子、大碗

将装满干麦片的大碗放在桌上。每个孩子拿一根签子，当游戏主持者宣布开始后，孩子就用签子从混合麦片中挑出葡萄干。谁能够在指定的时间内挑出最多的葡萄干，谁就获胜。只有将葡萄干从木签上取下时才能使用它。

其他玩法：在最短的时间内蒙着眼睛从葡萄干堆中挑出尽可能多的葡萄干。谁挑出的葡萄干最多？

黏黏的葡萄干蜗牛

年龄：3 岁以上

材料：葡萄干、可弯曲的铁丝、透明容器、水

将铁丝弯曲一个蜗牛的形状，一个挨着一个穿入葡萄干。

把葡萄干蜗牛放到注水的容器中。三四个小时以后，之前皱皱巴巴的葡萄干就变软了，颜色也变浅了。第二天，它们就充满了水而且黏糊糊的——就像蜗牛一样。

这是为什么呢？如同制作葡萄干时晒干葡萄的水分的道理一样，水分再次渗透葡萄干皮（表皮）。由于吸收了水分，葡萄干膨胀后就又变得圆滚滚了。

葡萄干香脆面包卷

年龄：3 岁以上（在大人的协助下）

配料：1 袋未硫化的葡萄干、1 包酥饼面团、4 汤匙糖、1 汤匙肉桂、1 个鸡蛋、用来撒在表面的糖粉、擀面杖、案板、烘焙刷、烘焙纸

将酥饼面团擀成一个大长方形。将葡萄干、肉桂和糖撒在酥饼面团上，从长边卷起面团。用刮刀将面团卷切成 1 厘米的薄片，小心地（加上烘焙纸）将面包卷放到烤盘上。

将搅匀的蛋液刷在面包卷上，放入烤箱中180 摄氏度烤约 10 分钟。热面包卷口味最佳！

攀缘茎

每根葡萄蔓都有分叉的藤蔓攀缘茎。它们如花序一样对叶而生，藤蔓尖做圆周运动，几乎每小时转一圈。要是藤蔓找到了支点，它就会攀附上去。1个小时内，藤蔓会围着支点环绕一圈，螺旋式地固定。如果你发现攀缘茎什么都没有拥抱住，它就会打结。这样就会出现没法解开的死结或厚厚的藤蔓圈。

看一看，画一画 & 玩游戏

藤蔓结

年龄：5 岁以上
材料：葡萄蔓、彩色笔

每个孩子拿到一个藤蔓结，用一支彩色笔勾勒出藤蔓走向，最终解开藤蔓结。因为每个藤蔓都会有分叉，因此，这个过程有时候非常困难。

玩游戏

攀缘小帮手

年龄：5 岁以上的至少 6 个孩子

两个或两个以上的孩子表演"葡萄藤"。他们站在土地上。一个孩子拿着他们的"攀缘茎"搜寻般地做圆周运动。两个或三个其他的孩子扮成"攀缘小帮手"，抓住葡萄蔓并拉着手，一起尝试攀缘到下一根"葡萄蔓"上去。如果够不到其他的葡萄蔓，就会缠绕到自己身上——如果下一根葡萄蔓的攀缘茎勾住了打结的藤蔓，那么他们也会变成解不开的一团藤蔓。

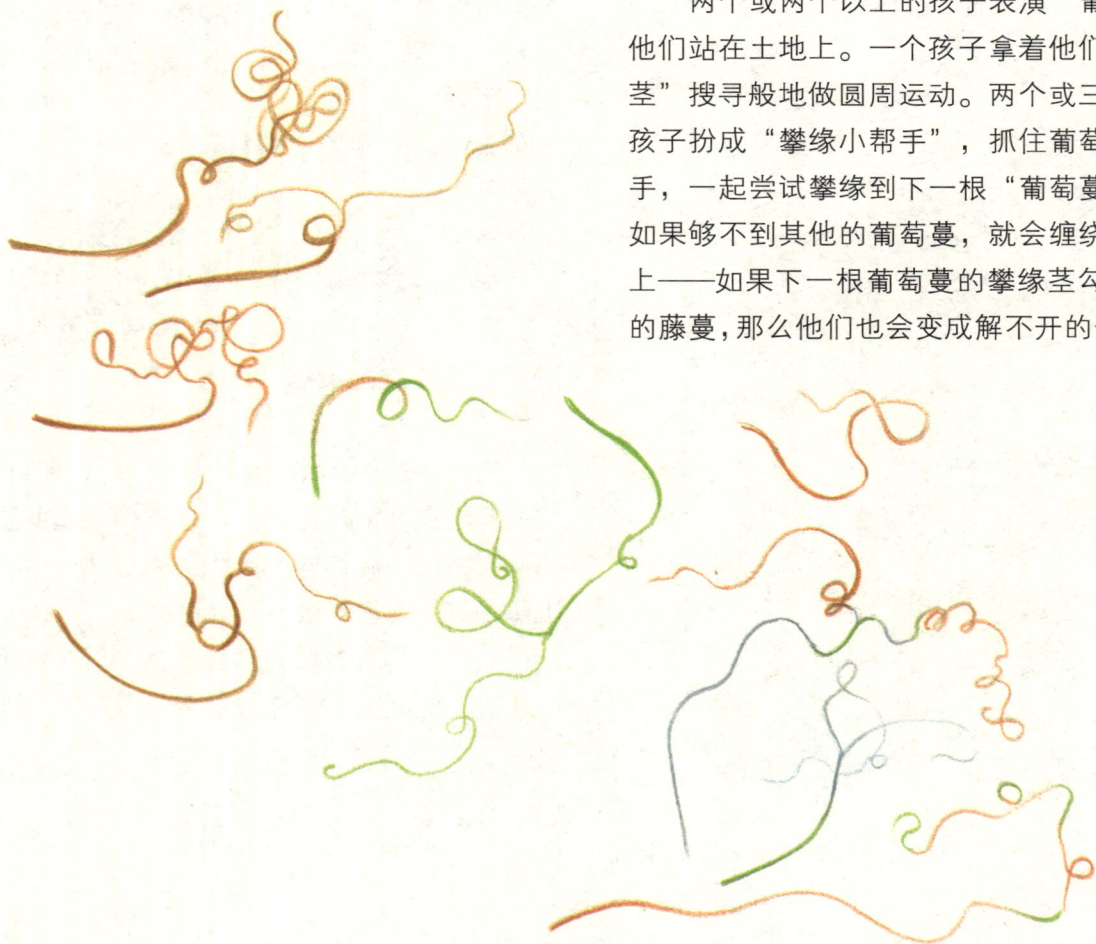

葡萄藤黑笔

在古希腊建筑中，人们就已使月通过碳化干葡萄藤而得到的"水明矾"——一种黑色素。

年龄：5 岁以上（在成人的监护下刨作）

材料：春天剪下的葡萄藤、园艺剪刀、蜡烛、火柴、粗糙的绘画纸、可能需要定色喷雾

将葡萄藤晒干。把葡萄藤切成铅笔粗的二三十厘米长的小段。将藤蔓的一端放在火焰上。燃烧一会儿，烧尽后便产生了碳。冷却燃烧后的藤蔓。

就像使用炭笔一样地使用碳化的葡萄藤块。可以创作一幅美丽的碳素画或碳素指印。炭笔的线条很容易抹去。如果想要长时间地保存画作，就需要喷上定色喷雾。

如果天然炭笔写不出来了，可以再进行一次碳化。

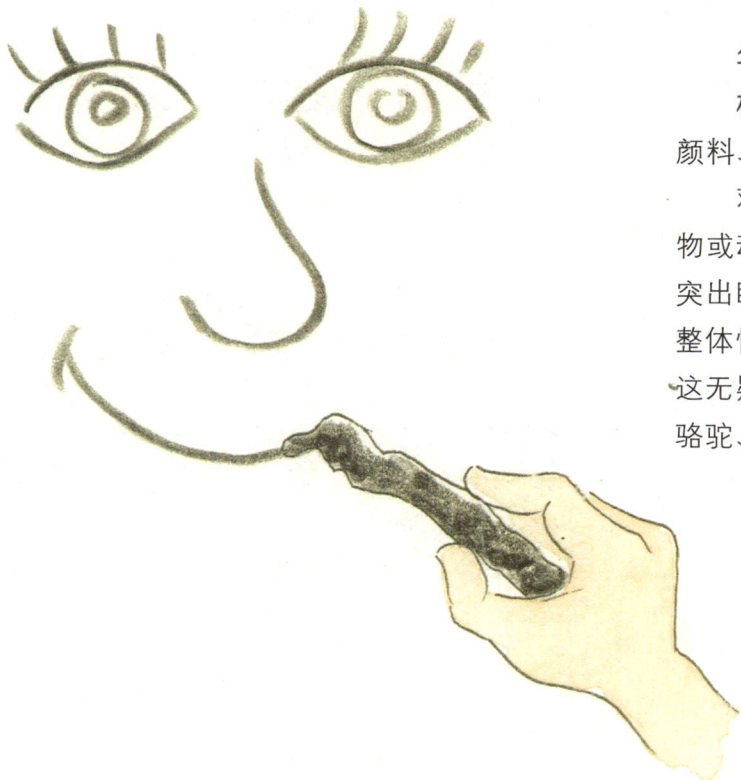

葡萄藤

种植葡萄藤是栽培葡萄的生长形式。一年又一年，葡萄藤就有了自己特殊的形态。在 20 岁之前，葡萄会结出丰盛的果实，但之后结的果实会越来越少。不过，也有超过了一百年的葡萄藤。由于年份久远，年老的葡萄藤总是奇形怪状。

葡萄藤的花蕾被称为眼睛。每只眼睛都会生长出新枝。在二三月中，人们总是会把葡萄藤修剪到只剩"两只眼睛"。修枝尤其重要，否则葡萄藤只会将养分送到树叶里，而不是果实中。到了五月底，就得将没有开花的枝蔓全部都修剪掉。

藤蔓形象设计

年龄：5 岁以上

材料：弯曲的老葡萄藤、雕塑黏土、丙烯颜料、毡笔

观察葡萄藤形状，同时用雕塑黏土弥补人物或动物缺少的部分。有时仅仅用颜色就可以突出眼睛。在颜料凝固后在木头上画画，这样整体性会更强。葡萄藤到底会成为什么形象，这无疑非常令人好奇：是老妇人、鸟、大象、骆驼、恐龙还是马？

果园种植小贴士

- 葡萄喜爱养分充足的土壤和温暖的气候。在较冷的气候条件下，葡萄也可以在阳光充足的房子墙壁上茂盛生长。
- 也可以在阳台和露台的小盆子中栽培葡萄。
- 为了能正常结果，每年冬末在无霜的天气下需要剪短葡萄枝。
- 在收获葡萄时使用园艺剪刀。
- 葡萄也可以生长在大培植器皿中。冬季需要防冻。

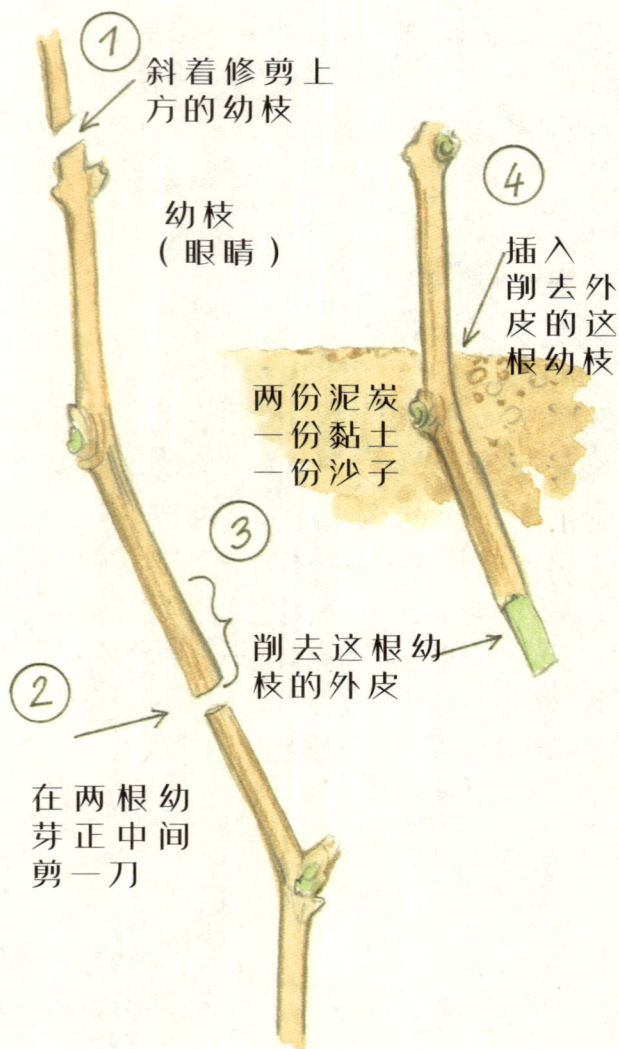

① 斜着修剪上方的幼枝

幼枝（眼睛）

④ 插入削去外皮的这根幼枝

两份泥炭一份黏土一份沙子

③ 削去这根幼枝的外皮

② 在两根幼芽正中间剪一刀

种一种

硬枝扦插

年龄： 5 岁以上（在大人的协助下）

材料： 当年的（落叶时节的）完全成熟的长葡萄枝、园艺剪刀、削皮刀、（混合了泥炭、黏土和沙子 2：1：1 的）花盆

将用于插枝繁殖的幼枝剪断，每根幼枝上有两个幼芽。斜着修剪幼枝上方，在两个幼芽正中间剪一刀。将下方 2 厘米左右处去皮露出绿色层。

将硬枝插到盆内，下方的幼芽在土壤表层下方。将花盆放在阴凉处，多次浇水。

数月之后，硬枝就会生根。随着天数增多，第一个绿色的幼芽就会从貌似已经枯死的硬枝中发芽。如要进一步培养，就需要更换直径为 10 厘米的花盆种植。

柑橘属水果——
太阳的鸡蛋和酸酸能量

可怜的太阳弄丢了它的鸡蛋！'太阳的鸡蛋"——一本瑞典的画册曾用这个词来描述橙子。它们虽没有火焰，却拥有夏日的温暖和香甜，这些都是我们萧条的冬季花园所需要的。在柑橘属水果的大家庭中还有丰富多样、充满活力的水果们……

通缉令

橙子、柠檬
高达 10 米的常绿乔木，芸香科植物

何处可以找到？
冬季花园或地中海地区。

茎干：浅绿色或深灰色，少许植物带刺。
叶子：有光泽，皮革质，叶边缘平滑。
花：白色或粉红色，簇生于树枝，有香味。
果实：果实外观不同，气味特殊（植物精油）。
果室有籽（即核）。

柠檬

橙子

有何特别之处？
- 原产地：东南亚
- 祖先：葡萄柚、香橼和橘子。从口岸获得的其他品种（甜橙。橙子、柠檬……）
- 花朵和果实几乎会在同一时间长期紧挨着生长在植物上。它们产自四季恒温的地区。
- 果实在收获后不会再成熟。

	二月	三月	四月	五月	六月	七月	八月	九月	十月	十一月	
花 期											
果实期											十二月

精油衣和救生衣

柑橘属水果的果皮由两层组成：

1. 精油衣：这是外部蜡质的有色层和柑橘属水果的调味部分。外皮上微小的凹陷处是存储精油的小罐子（油腺）。当使用橙子皮和柠檬皮作为调味品时，削下表皮就等于打开了精油罐子。

2. 救生衣：这是内部的白色海绵层，分布着成千上万的气孔。因此，这层果皮起到了救生衣的作用，它可以保证水果在水里不会下沉。这一层结构厚实——这样，要去掉柑橘属水果的果皮相对比较容易。它们的果皮味道较苦，这个薄层上只有纤维质。起初，所有的柑橘属水果都是绿色的。水果只有在成熟期的才会变成黄色或变成橙色。而只有夜晚温度相对较低的情况下，水果才会变成橙色。成熟期（十月至十二月初）的克莱芒甜橘只有夜晚到达 12 摄氏度的情况下才能够变成橙色。因为在热带和亚热带种植区的夜晚降温不明显，所以青柠一直是绿色的。

精油在哪儿

年龄：6 岁以上（在成人的监护下进行）
材料：（未加工的）橙子和柠檬、针、放大镜或入射光显微镜、小刀、蜡烛、火柴

1. 探索精油海洋：用放大镜或入射光显微镜观察柠檬皮。从上方刺入小凹陷处。被掩盖的精油海洋就出现了。切下一片 1 毫米厚的薄片，将薄片翻过来，放大后观察，能更清楚地看到精油海洋。

2. 精油滴焰火：将蜡烛点燃，遮住房间的光线。将橙子靠近蜡烛去皮。溅出的精油落入蜡烛后会让火花发出噼噼啪啪的声响。小焰火还会发出怡人的柑橘香。

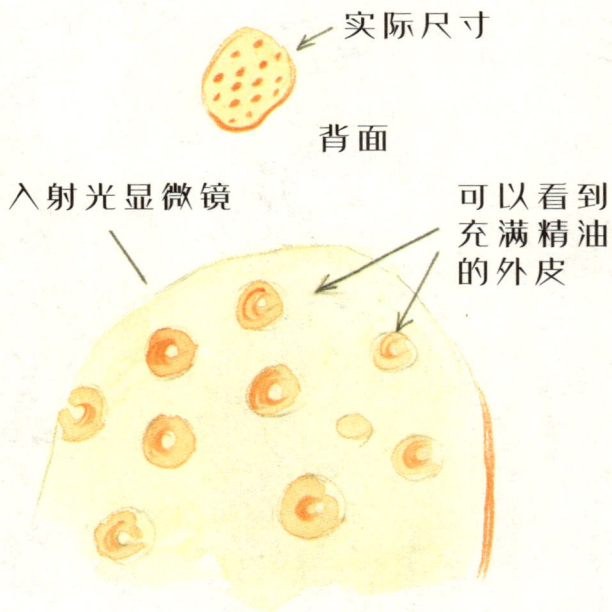

实际尺寸

背面

入射光显微镜

可以看到充满精油的外皮

柠檬水族动物

年龄： 4 岁以上（部分在大人协助下进行）
材料：（未加工的）柠檬、1 个橙子、牙签、削橙子器、小刀

　　按图示切开柠檬，并且相应地加上橙子皮和牙签。然后就可以制成月亮鱼、水母、金鱼、刺豚、琵琶鱼、章鱼、海胆、海葵或水蛙。

　　章鱼和海葵会让水充斥着柠檬香。其他的水族动物会让水变成黄色，柑橘香四溢。如果装上灵活的鱼鳍，鱼就可以游动了。如果不想这么做：用一个球形勺掏空果肉，放入一块石头。将不同的水族动物放在玻璃壶或大玻璃碗后就成了不同口味的饮料、桌子装饰物、吃鱼之后的洗手池或是吃鱼的材料。

　　沉没实验： 给水族动物削皮后再次放入水碗中。它们失去了救生衣后就会下沉。区为果肉的密度比水大，所以才会下沉。

金鱼

水母

海胆

琵琶鱼

海葵

章鱼

刺豚

水蛙

雕花橙子球

年龄： 4 岁以上

材料： 未加工的橙子、橙子剥皮器、布（用来蒙住眼睛）

用橙子剥皮器将橙子皮刻出不同的图案，例如，圆圈、螺旋形、方块状……不要损伤白色的外皮。将橙子置于暖气上烘干。橙子会变小、变轻和变硬。这样，橙子的保质期就更长，也可以悬挂起来或用来装饰钥匙。

孩子们可以用这个干的橙子球玩一个感知游戏：这个游戏需要 12 对雕刻了相同图案的橙子球。蒙上孩子的眼睛，辨认出一对相同图案的小球。谁找到的橙子球对数最多，谁就获胜。

酸甜小子叠叠高

年龄： 4 岁以上

材料： 未加工的橙子（例如脐橙）和柠檬、丁香花干、橙子削皮器、小刀、烧烤用的签子、白菜头

用削皮器刻出嘴巴和眼睛，露出白色表皮层。绿色的叶柄处充当鼻子。在果肉上雕刻出牙齿。柠檬小子表情严肃（眼睛眯起来，嘴角下弯），橙子小子笑得很快乐，眼睛也散发出欢乐的光芒（用丁香花干当作眼睛，散发出阵阵芳香）。第二天，果皮晒干后牙齿会略略张开，酸甜小子们看起来会更棒更可爱。

可以在下面的游戏中使用这些酸甜小子。

叠叠高游戏

年龄： 4 岁以上

材料： 上面制作游戏中的酸甜小子、烧烤用的签子、白菜头

将酸甜小子插在充当脖子的签子上。稳固的（削掉底部的）白菜头当成底层塔。孩子们要设法将橙子和柠檬塔叠得最高。

孩子们按照顺序在上方插上一个玩偶。如果不想继续往上叠的话，就提前告诉后面的玩家水果塔要倒塌了。如果玩家估计错误，水果塔没有倒塌，就扣 1 分；如果有勇气的玩家要继续叠水果塔的话，就加 1 分。如果水果塔倒塌了，小心翼翼的玩家就加 1 分，把水果塔弄塌的玩家就扣 1 分。叠加一个甜甜的橙子小子得 2 分，叠加一个酸酸的柠檬小子就得 1 分（因为它更加轻更加小）。

没刷干净的牙

小猴子从来不刷牙，橙子皮也不刷牙！

年龄： 5 岁以上（在大人的协助下）

材料： 未加工的容易削皮的橙子、小刀

将橙子洗净，擦干，削皮，并切下一块嘴巴大小的橙皮。将白色的内皮嵌入牙齿内（不要咬断橙皮），并将这面朝外。一张开嘴就能看到和猴子一样脏脏的牙齿了！

柑橘果隙

每个柑橘属水果内含有数个果瓣，也称为瓣裂、果片、果隙。根据子房所含的果叶数量，相应地生长出同样数量——3～13 个的果隙。一些像柠檬、青柠或蜜橙的柑橘属水果需要削皮或切开，因为它们的果瓣和果反几乎粘连在一起生长。而其他的果实，例如，橘子或克莱芒甜橘，则很容易分离果隙和果皮。

千里眼

水果到底有多少果瓣？

年龄： 4 岁以上

材料： 分成了果瓣的柑橘属水果（列如，橘子、脐橙）、放大镜

切去橘子（橙子）的叶柄。下半部分就像是一个散发出许多光线的小太阳。用放大镜观察，数数光线的数量。这些条纹的数量恰好与果实内部的果瓣数量一致。锻炼孩子清楚观察果皮和计算果瓣数量的能力。

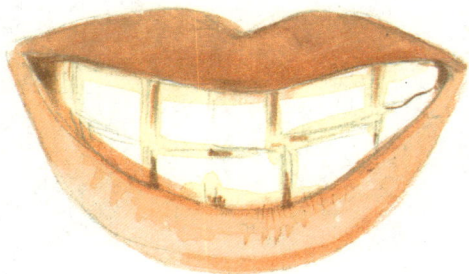

彩色的柠檬窗户

阴冷冬日里的炫彩窗户装饰或狂欢节装饰。

年龄： 3岁以上（在大人的协助下）

材料： 未加工的柠檬、厨房用纱布、不同颜色的透明纸、胶水、笔、剪刀、针、尼龙线或合股线、胶带

　　将柠檬切成小片，放在暖气上烘干，最好能用纱布吸出水分。反复翻转柠檬片。需大约一周才能完全烘干柠檬片。将柠檬片放在透明纸上，用笔勾出轮廓，剪下后并将它贴在柠檬片（果皮）边缘上。用针和线将蓝色、绿色或其他颜色的柠檬片挂在玻璃窗上。就可以清清楚楚看到柠檬片的内部结构了！

　　其他玩法：制作教堂形状的胡椒姜饼，将柠檬片充当教堂窗户（在姜饼边缘粘上一层糖霜）。然后用线将教堂姜饼当成装饰挂在窗户上或当作礼物送人。

橙子印章

将橙子的果瓣结构看得一清二楚。

年龄： 3岁以上

材料： 橙子、毡笔、颜料、不同颜色的薄纸

　　将橙子对半切开，在暖气上烘烤两三天，直至果瓣结构出现。上色后在薄纸上盖章。有些颜色搭配非常精美。例如，可以在橙色的薄纸上印上黑色的橙子印章或在深蓝色的纸上印上金色的橙子印章。

橙子印章

全能柠檬汁

约十分之三成熟的柑橘属水果会被加工成果汁。毫无疑问，因为果汁不仅口味非凡，而且富含维生素 C，十分健康。鲜榨果汁应该尽快饮用，否则果汁中的维生素会丢失。

柠檬汁含有特别多的柠檬酸。这种强效成分可以用作去污剂、蛋白替代品、水渍去污剂或去腥剂。鱼腥味是由于鱼中所含的鱼油。柠檬汁所含的柠檬酸可以改变鱼油中的化学成分。

尝一尝

纯净的太阳鸡蛋

年龄：3 岁以上
材料：成熟的橙子、结实的棍子或粗毛线针、结实的粗吸管

在结实的地面上将橙子"滚软"。用棍子或毛线针在叶柄附近插入水果并且搅拌。然后将吸管塞入这个孔里，用力吸出"太阳鸡蛋'。

小窍门：如果想更方便地榨取柑橘属水果的果汁，"滚软"也是一个好方法。

其他玩法

血液汁：血橙可以榨出美味的鲜红果汁！

难喝的果汁：如果刚刚刷完牙就去喝橙汁，那么橙汁的味道会和葡萄柚汁的味道一样苦。

这是为什么呢？牙膏中的起泡剂和薄荷成分与舌头的味蕾产生了反应，抑制了感受甜味和咸味的味觉。在刷牙之后尤其能感觉到橙子所含有的苦味。

看一看 & 玩游戏

魔法墨水

年龄：6 岁以上（部分在成人监护下进行）
材料：柠檬汁、棉棒、纸、熨斗

将棉棒浸入柠檬汁，在白纸上写字后晾干。这个时候人们无法看到笔迹。用熨斗熨烫之后，就会出现褐色的文字。

这是为什么呢？柠檬汁含有在水中看不见的氧化物。而加热破坏了氧化物并生成了碳。

现在你可以和你的兄弟姐妹以及朋友们互相倾诉小秘密了。不过谁又能保证，除了你告诉过的人之外，没有人知道这个诀窍呢？不过，你也可以把文字转换成密码，例如，数字密码 A=2，B=3，C=5，D=6，E=8，F=9 等。为了保证安全，寄信人和收信人可以用密码解密。

试一试 & 尝一尝

柠檬泡泡水

年龄：3 岁以上
材料：柠檬、水、烘焙粉，可能需要糖

将柠檬榨汁和相同量的水一同倒入玻璃壶中搅拌。加入 1 汤匙的烘焙粉。然后饮料就开始冒泡泡了！

这是为什么呢？当酸（即柠檬汁）与碱（即烘焙粉）一混合，就会产生气体（即二氧化碳）。上升的气泡就会让水冒泡泡。

酸酸能量

年龄： 4 岁以上（在大人的协助下）
材料： 未加工的柠檬、小刀、黄色或白色的烟头通条、橙子削皮器、烧烤用的签子、丁香花干、老旧的硬币、柠檬榨汁器、碗、擦碗布

孩子首先按照图示**制作酸酸肌肉男：** 刻出（开心的、强壮的）脸部，用丁香花干充当眼睛，烟头通条充当手臂和腿，用烤肉串用的木签做成把手，然后在把手两端挂上两片柠檬。酸酸肌肉男可以保存很久，也可以继续在之后的实验中使用。

果汁的酸酸能量： 将酸酸肌肉男榨汁后，将果汁倒入小碗中。将旧硬币放在果汁中约 10 分钟。取出硬币，然后用布擦干。旧钱币光芒四射，变得更加明亮了，像是新的一样。

柠檬酸在这里起到了钱币洗涤剂的作用。它可以去除铜币表面的锈迹（即氧化铜）。

牛奶小羊

年龄： 3 岁以上（在大人的协助下）
材料： 柠檬、鲜牛奶、煮锅、柠檬榨汁器、茶漏、香芹种子

将柠檬榨汁，将牛奶和果汁倒入煮锅加热（低温加热，温度不要超过 80 摄氏度）。加热后流出了黏稠状固体——与牛奶分离。杯子中留下的是柠檬奶浆，冷却后口味非常清新。将白色的橡胶状的部分过筛，牛奶蛋白可以作为纸膜材料使用。根据图示制作出小羊的模型，镶嵌入香芹种子做成的眼睛，在暖气上烤干。小羊会变得非常坚硬而且可以永远保存。

为什么会出现纸膜材料呢？

牛奶由水、糖、脂肪和蛋白组成。在酸柠檬汁的作用下，分离出了牛奶蛋白。牛奶蛋白也被称为干酸酪（酪素），用于制作奶酪和酸奶。随着加热时间的增加，酪素分子链也就越长，凝固的面积就会越大。但是它对热极其敏感，而且在 80 摄氏度时会再次融化。

酸酸肌肉男

酸酸塔楼小子

橙子园还是柠檬园

据说法国人喜爱橙子胜于一切，意大利人则更加喜欢柠檬。这样一来，法国遍地都是橙子花园（橙子园）而在意大利的柠檬花园（柠檬园）居多——至少通过名字就可以想象得到，两个花园中有成片的果树。

在十六世纪，种植柑橘属的树曾风靡一时。为了保证热量充足，人们建造出了优秀的温室，这也让宫殿的主人们夸夸其谈。例如，凡尔赛、波茨坦、夏洛滕堡、美泉宫或者奥拉宁鲍姆拥有最著名的橙子园。而在奥拉宁鲍姆的橙子园长达 175 米！最著名的柠檬园是弗洛伦茨波波利花园的一部分。直到十九世纪，栽培橙子过时之后，橙子园也就变成了当时流行的棕榈屋了。

从菜谱上也能够看出人们的这些喜好：法国人无数的菜谱中有橙子充当配料，例如橙汁鸭或橙子蜂蜜羊乳酪。意大利人则喜欢更酸的东西——柠檬来搭配面条、米饭和肉。

柠檬买卖

因为柠檬太酸了，柠檬买卖可不是桩好买卖。

年龄： 6 岁以上
材料： 柠檬、小刀、汤匙、柠檬糖

孩子们需要为这个游戏制作一个柠檬小篮子：将柠檬沿着长边从右到左切一道 1 厘米宽的小口直至柠檬的中间。在切开的中间部分装一个把手。用汤匙将柠檬的果肉掏出直到白色层出现。果肉必须弯曲取出。

在暖气上烤干，这样就能握着这个柠檬小篮子了。

柠檬买卖游戏： 在 30 分钟内轮流交换柠檬小篮子内的物品。开始时，放一颗柠檬糖在里面。下一位孩子需要用它交换价值较少的物品，并且说出理由。例如，如果可以做出合理的解释（保质期更长、构成水泥的基本物质……），皱巴巴的苹果也会比沙砾更没价值。只有这一轮理由都被采纳的情况下，才能够进行下一轮柠檬买卖。

尝一尝

法国橙子蛋糕

年龄：5 岁以上（在大人的协助下）

配料：1 个未加工的橙子、50 克碾磨的杏仁片、175 克室温的黄油、160 克糖、3 个鸡蛋、175 克（斯佩尔特）面粉、1 汤匙烘焙粉

将烤箱预热至 180 摄氏度。将洗净的橙子剥皮，切片。用搅拌器碾磨果肉和剥下的皮。将黄油和糖在搅拌碗中搅成奶油状。接着一个个加入鸡蛋。混入面粉和烘焙粉并将杏仁加入黄油和糖的混合物中。最终拌入橙子果泥。倒入已抹了油脂的烤盘，烘烤约 40 分钟。

可搭配热橙汁或冰橙汁。

尝一尝

柠檬意大利面

年龄：5 岁以上（在大人的协助下）

配料：3 个未加工的柠檬、橄榄油、搅拌器、盐、干酪、意大利面或细意大利面

将柠檬去皮后榨汁。将柠檬汁和果皮（留少许充当装饰）放入搅拌碗中，用搅拌器碾磨。慢慢加入橄榄油并继续搅拌，直至混合物变成黄色奶油状。放入盐。浇在意大利面上（较细的意大利面口味更好），并撒上干酪和柠檬片。

玩游戏

旅游的橙子

年龄：5 岁以上
材料：未加工的橙子

把橙子传给下一个孩子但不能碰到手。谁掉了橙子就出局。胜利的孩子得到一个旅游的橙子作为奖励。

迷你橘子园或柠檬园

年龄: 5 岁以上

材料: 不同柑橘属水果的果核（现在大多数的柑橘属水果都是无籽栽培的）、小盆子、播种土、迷你温室（或者小尼龙袋）

用热水清洗种子，晒干，放入带有播种土的小盆子中，并且覆上少许栽培土。在约一个月之后会开始发芽，如果是种橙子则需要两倍的时间。

将植物幼苗置于明亮温暖处，并保持湿润。当幼苗生长出三四片叶子之后（下一个月过后），移植到带有栽花土的大盆子中。一年之后再换一次花盆。

小提示: 如果种子在播种之前经过冷却，就需要更长的时间才能发芽！

一颗橘子的种子会发出许多幼枝。别太惊讶哦！

果园种植小贴士

- 到处都可以买到当作盆栽的柑橘类植物。
- 柑橘类植物的种子很容易发芽。
- 在夏天时将植物置于阳台和露台上，冬天温度为 5 ～ 10 摄氏度时可以过冬并保持土壤湿度。温室或冬季花园是最佳的地点。
- 柑橘类植物可以经受雨淋。
- 柑橘类植物经过较长的时间才能开花结果。五六年之后才会开出第一朵花。

缤纷大果篮

全身心地去汲取水果们的价值和营养吧!

外公　　外婆　　爷爷　　孩子们

爸爸　　妈妈

水果家族

年龄: 3 岁以上

材料: 尽可能多的不同品种的水果、牙签、长竹签

小朋友们用牙签或长竹签将水果们拼制成各种小人儿。大一点的水果（苹果、梨等）可以用来做成身体,小一点的（草莓、樱桃等）可以用来做脑袋。

水果家族里的成员可以有:苹果外公（大大的肚子）,梨外婆（胖胖的屁股）,香蕉爷爷（瘦瘦的、有点驼背）,梨干奶奶,倒立的梨做的爸爸（健身达人）,用小李子做成的小孩子们,还有西瓜怪物……

闻一闻 & 玩游戏

谁的鼻子最灵

年龄: 4 岁以上

材料: 不同香味的水果、大小和形状相同的酸奶杯（至少16个）、黑色尼龙袜、剪刀、水笔、橡皮筋、防水笔、水果刀

每两个酸奶杯中放入相同的水果,然后立刻用黑色尼龙袜和橡皮筋将口封住,然后将所有的酸奶杯打乱摆放。

将放有相同水果的酸奶杯一对对找出。哪种水果最好闻? 谁的鼻子最灵?

最后,为每组水果打出 1～5 分的香味分。哪一种水果最厉害呢?

以下水果适合用来做这个游戏: 成熟的香蕉段、苹果片、梨片、李子切半、草莓（或野草莓）、菠萝块、野生覆盆子、橘子瓣、接骨木果、压扁的刺柏果、黑色醋栗、成熟的杏子切半、无花果切半、葡萄干

提示: 游戏前在杯子的底部标好数字,并将装有同样水果的杯子的数字一一记好。

玩游戏

水果沙拉

年龄： 3 岁以上

材料： 每个孩子一个椅子

除一个小朋友外，其他人围坐一圈。分配给每个人一个水果的名字。每人最多可以得到五个不同的水果名字。没有椅子的小朋友要做一份“水果沙拉”，并且要说：“我用苹果和香蕉做沙拉。”被叫到名字的水果所对应的小朋友必须要起身交换座位，并且与充当水果沙拉制作者的小朋友一起去抢椅子。没有抢到椅子的小朋友再去做下一份“水果沙拉”。三次都没有抢到椅子的小朋友，就会成为“烂掉的水果”而被淘汰出游戏，椅子相应地减少一个。就这样一直玩到只剩一把椅子。

摸一摸 & 玩游戏

水果鼻子

年龄： 3 岁以上

材料： 各种水果、小刀、燃尽的蜡烛、蒙眼布

从每种水果上切下一片圆形（直径约 4 厘米）的水果片，并放入一个小的器皿中，例如清理干净的烛台。小朋友们蒙着眼去触摸这些水果切片，并且尝试猜出是哪种水果。谁猜对的最多呢？

哪些水果适合玩这个游戏呢？草莓、榅桲果、桃子、橙子、菠萝、猕猴桃、苹果……

玩游戏

苹果梨李桃

独特的水果创造游戏，名字越长越有趣。

年龄： 4 岁以上

材料： 各种水果（大小相近）、小刀、切板、竹签

将水果切成大约 2 厘米厚的切片。将多种不同的水果切片摞在一起，用竹签穿起来，给他们起个名字。

相似游戏： 水果塔

谁能搭出最高的直立不倒的奇特水果塔呢？

奇葩水果茶

年龄： 4 岁以上（由一个大人协助）

材料： 未经任何处理的水果、不同种类水果的叶子、砧板、小刀、厨房用纸、橙子皮、剪刀

一定要选一个干燥的晴天采摘水果，不然水果会发霉的！将大一点的水果去核切片。柑橘类水果用它的皮而不用果肉，将果皮剥下即可。把厨房纸垫在水果（橘子皮、橙子皮）的下面，放在暖气上或者夏天时放在太阳下晒一两周。用烘干机会更快。将晒干的水果片用剪刀剪成指甲盖大小的小块。

最佳水果搭配：

- "低调经典"：山茱萸小块、蔷薇果皮、黑刺李小块、接骨木果、沙棘果小块、嫩山楂叶、荨麻叶、接骨木花或锦葵花或野玫瑰花
- "野果鲜味"：野草莓、野生蓝莓、野生树莓、树莓叶子、草莓叶子
- "水果缤纷"：苹果皮或苹果小块、梨小块、桃子小块、草莓小块、樱桃小块、金盏花
- "异国风情"：苹果皮、橘子皮、黑醋栗、菠萝小块、橡胶小块、葡萄干、柠檬膏或柠檬叶、黑醋栗叶子

每种配方的水果茶材料各抓一把，分别放入不同壶中，倒入热水，冲泡 10 分钟。

石头水果

在石滩上和河岸边很容易可以找到大小形状不同的小石头。寻找像水果形状的石头，在石头上面涂画，成为石头收藏家。

年龄： 5 岁以上

材料： 水果形状的石头、肥皂刷子、毛笔、丙烯墨水、木箱

将找到的石头用肥皂和刷子洗净晾干，把它们画成苹果、梨、橙子、樱桃等水果的样子。进行"水果摊游戏"：将各种水果分类放入不同的小木箱中，并挂上牌子（例如：苹果每斤两元），然后就欢迎顾客的到来吧。

藏在巧克力里

巧克力外壳下包裹的是什么水果呢?

年龄: 5 岁以上

材料: 煮锅,叉子,巧克力,掼奶油,水果(能够很好地浸泡在巧克力酱中的,例如香蕉、梨、苹果、葡萄、草莓、橘子、猕猴桃、菠萝),小刀

将掼奶油倒入煮锅中加热,将切成块的巧克力放入其中融化并搅拌成巧克力酱。将水果切成小块。

游戏引导者首先把水果们放入巧克力酱中。"一二三闭眼"的口令后,所有小朋友闭上眼睛。在此期间,游戏引导者随意叉起一个水果,放入一个小朋友的口中。这位小朋友猜巧克力外壳下包着的是哪种水果。猜对的小朋友就可以自己去制作裹着巧克力的水果啦。猜错的话,则轮到其他小朋友来做。

附 录
索 引

引用和延伸文献

Brigitte Bartha-Pichler, Martin Frei, Bernd Kajtna, Markus Zuber: Osterfee und Amazone: Vergessene Beerensorten – neu entdeckt, Löwenzahn Verlag, Innsbruck 2005

Cornelia Blume: Die Streuobstwiese, pala-Verlag, Darmstadt 2010

Cornelia Blume, Burkhard Steinmetz: Das Apfelbuch, pala-Verlag, Darmstadt 2007

Eckart Brandt: Brandts Apfellust. Alte Apfelsorten neu entdeckt. Für Garten und Küche., Mosaik Verlag, München 2000

Tom Dahlke: 365 Spiele für jeden Tag, moses Verlag, Kempen 2003

Ruprecht Düll, Herfried Kutzelnigg: Taschenlexikon der Pflanzen Deutschlands, Quelle & Meyer, Wiebelsheim 2005

Uli Geißler: Das große Ravensburger Naturspielebuch, Ravensburger Buchverlag, Ravensburg 2007

Monika Harand-Krumbach: Nur Natur – Ein Werk- und Aktionsbuch für alle Sinne, Zebold Verlag, München 1993

Gabriele Lehari: Exotische Früchte selbst ziehen, Kosmos, Stuttgart 2008

Thuri Maag, Erika Lüscher: Wildfrüchte, Botanik- Anbau- Rezepte, Fona Verlag, Lenzburg 2009

Michael Machatschek: Nahrhafte Landschaft 1 + 2, Böhlau Verlag, Wien 1999 und 2004

Görel Kristina Näslund, Gunilla Hansson: Renettchens Apfelbuch, DTV, 1991

Helmut Pirc: Wildobst und seltene Obstarten im Hausgarten, Leopold Stocker Verlag, 2009

Anna Pohanka: Ich nehm die Blüten und die Stengel... Kräutlerin am Schlingermarkt, Böhlau Verlag, Wien 1987

Anita von Saan: 365 Experimente für jeden Tag, moses Verlag, 2002

Hilke Steinecke, Imme Meyer: Kleine botanische Experimente, Verlag Harri Deutsch, Frankfurt a. M. 2005

Susanne Stöcklin-Meier: Naturspielzeug, Ravensburger Buchverlag 1997

（原版参考文献资料）